百工裡的人類學家

實戰增修版

宋世祥 著

CONTENTS｜目錄

二版自序——面向大眾的人類學應用

《百工裡的人類學家》（以下簡稱《百工》）自二〇一六年六月出版至今已經八年，面對該書的再版，除了萬分感謝這八年來各方讀者的支持外，筆者作為一名人類學者，也對這本書問世之後的後續效應做了些觀察與思考。

在《百工》之前，台灣市面上比較缺少面向一般大眾的本土人類學讀物，也少有談及人類學如何在台灣進行推廣應用，印象中只有奈吉爾．巴利的《天真的人類學家》系列，以及莊祖宜小姐的《廚房裡的人類學家》，而《百工》則想進一步填補台灣缺少本土人類學應用書寫的空缺。這一點和另一知名由台灣優秀人類學者們所共同撰寫的《芭樂人類學》系列有所不同，該系列希望推廣人類學者面向公共的書寫論述，但《百工》則是想打破人類學思維與方法僅為人類學家所擁有的既定印象，進一步讓讀者看到人類學跨領域應用已經在台灣深耕發芽，且這學門的思維與方法值得做更大規模的推廣。

「百工裡的人類學家」從臉書粉絲專頁起步（二〇一二年底設立），延伸到線下的社群活動，以及出書，將「百工」這兩個字與人類學連結在一起，不僅清楚定義了這一連串應用推廣行動的發展方向，也有助於打破人類學在台灣較為學術性的形象，比其他人文社會科學更早發出對接產業與應用的宣告。抱著這樣的想法，《百工》力求平易近人的內容與各個具體案例，拉近了不少人與人類學之間的距離。這幾年在演講或是工作坊後，會有讀者來跟我分享他們看了《百工》後燃起對於人類學的興趣，或是找到自己應用人類學的方向。另一項重大收穫是因此書的出版，認識了更多業界與學界之「百工裡的人類學家」們，以及許多願意打開大門接觸人類學的組織機構，真切感受到價值的轉變。這些都是作為學者與寫作者最大的幸福。

除了探討人類學的跨領域應用，「厚數據」是《百工》的另一個重點。該書作為台灣第一本論及「厚數據」概念的圖書，具有將其引進台灣學界與知識領域的效益。至今已經有許多論文、專書、大學課程都開始教授「厚數據」，並且把《百工》當成是重要的教材或是學術論文參考資料。回頭來看，在二〇一六年之際，自己對於厚數據的理解也僅是入門，但隨著之後的研究以及與業界的交流互動越來越深入，已經進一步將厚數據的定義提煉為「用於創新的質性研究資料」（詳見筆者另一著作《百工裡的人類學家2：厚數據的創新課》），而不是侷限在從人類學民族誌方法所獲得的研究資料。

「厚數據的概念與使用在未來將如何推廣與深化？」是一直縈繞在筆者心中的問題。若從大數據的普及仰賴生活全面數位化提供大量數據，以及運用人工智慧從數據中發現有價值的資訊這一點來看，「厚數據」則要進一步去問「如何更有效地收集厚數據？」、「如何更有效地分析厚數據？」、「如何讓分析後所得到的洞察更有助於創新的發生？」。這些方向其實業界都在不斷探索中，筆者也想要在此呼籲人文社會科學學者、所有修研過質性研究方法的實務工作者們一同加入探索行列，因為我們都共同相信厚數據不光只是田野故事，而是整個過程之中更具有當前時代所需要的「溫度」與「人文關懷與省思」，這正是當今社會發展因為科技越來越佔主導地位時所缺少的。

《百工》再版剛好碰到人工智慧浪潮崛起，以及社會上對於人文社會科學科系價值的質疑，擔心大學選擇相關科系會影響就業。期待這一本書的再版能夠讓大眾看到人文社會科學在解決產業職場上所能發揮的優勢，以及在相關系所裡培養出來的「厚數據」思維與創新能力其實正是當前社會所需要的。

《百工》初版之時為了呼應當時台灣的社會創新趨勢，在案例選擇上以當時重要的代表人物作為書寫對象。時至今日，某些當時的選題已經不符合眼下的議題需求，有些人物也已經轉換了人生跑道。因此，這次的改版特別針對內容作出調整，忍痛也抱歉地拿下了曾經深受歡迎的三個案例，換上更貼近當下讀者需求或是議題熱度的內容。這裡除了要向余宛如、吳漢中、許赫三位先進及他們的粉絲們說抱歉外，也希望透過新加入的林宛瑩（商業諮詢）、陳懷萱（樂齡與社區大學）、林秀芃與掀海風團隊（地方創生）等人的故事，能夠幫助讀者看到二〇二四年人類學以及相關思維與方法在台灣應用的最新趨勢。此外，為了反映原先案例中人物的近況，一些人物的小檔案資訊也做了必要的更新，但當然還是希望讀者能夠與他們有更為直接的接觸，才能更加清晰地感受到他們應用人類學於各自專業上的魅力。

《百工》出書後，對於同名粉絲專頁的經營與活動舉辦都帶來很大的幫助。感謝最早就加入的夥伴，陳懷萱、林承毅、毛奇，後來加入一起經營的王廷宇，以及這兩、三年的實習生們（陳彥文、張天馨、黃怡菁、梁鈞為、王雅竹、邱冠勛），能和大家一起推動這片知識服務園地真的很榮幸。

最後，這本書也獻給一路支持我走在人類學路上的家人與太太。

導論——我們都需要人類學！

二〇一一年十一月，當時的美國佛羅里達州州長瑞克．史考特（Rick Scott）對媒體記者說了這麼一段話：「我們州內不需要更多的人類學家。如果有人想要拿到這個學位，那很好，但我們不需要他們在這兒。我希望我們將更多的預算，給投身於科學、技術、工程、數學領域的人，這些學位才是我們所需要的，也需要花時間與心力投入，當他們離開學校時，就能得到一份工作。」

此話一出，立刻引起全美人類學界的軒然大波。全美的社會科學界、人文學界都站出來相挺人類學，佛羅里達州更是掀起一波「挺人類學運動」，醫療從業人員、社會工作者、記者、各級學校教師、工程師、博物館員、藝術家、企業主管等都跳出來說：「我學過人類學，我們需要人類學家！」

一位在西佛羅里達大學的生物人類學家克里斯汀娜．柯爾葛若夫（Kristina Killgrove）也回應這則新聞：「我絕大部分的學生，特別是來人類學大型演講課修課的學生，未來將會進入三個主要的工作領域：健康與醫療（醫生、護士、基因研究、應用醫療）、商業與經濟管理，以及教育領域。人類學對他們大大有用！」

人類學是最熱門的大學課程

在美國，人類學是大學「通識教育」中最重要的課程之一。

以我求學的匹茲堡大學為例，每學期人類學系要為大學生開設三門三百人大班的「文化人類學」或是「考古學」課程，另外更有「性別與文化」、「飲食人類學」等小班課程；換言之，每學期就約有一千人次以上的學生修過人類學課程，而其中人類學系的學生約只占百分之五，其餘都是來自外系。以我擔任助教的「文化人類學」通識課來說，我教過的學生除了來自社會科學領域，還有來自醫學院、文學院、理工學院、藝術學院等學生，甚至還有NCAA的籃球選手。

這反映出一個事實：「人類學」與心理學、社會學一樣，早已成為美國高等教育的核心學門之一，也被視為美國大學生的重要素養，是啟發未來社會菁英發展深刻人文反思的機會，期待為他們往後的人生與職涯帶來正面影響，引領他們做出對於人類社會整體有益的抉擇——可以說，人類學通識課，就是在為美國社會培養「百工裡的人類學家」！

這是由於人類學所主張的「質性研究」，特別是「民族誌式田野調查」方法，能讓我們更貼近社會的現實，加上人類學強調的基本態度「全貌觀」、「尊重多元文化」、「為研究對象發聲」，孕育出人類學家獨特的反思能力，使得人類學不單是學界需要，還能幫助業界發展出更貼近市井的服務與商品，成為各行各業最重要的新研究取徑之一。曾受過人類學訓練的人，不管來自學院內或外，因為懷抱人文關懷精神，又具有與人群實際接觸的閱歷，畢業後都能順利找到工作。

人類學邁向行動主義

二〇〇八年我在美國博士班的新生訓練上，聽到同班同學們自我介紹時稱自己是文化人類學家（culture anthropologist）、生物人類學家（biological anthropologist）、考古人類學家（archeologist），讓我相當驚喜——原來對於美國人而言，要成為人類學家，不一定要等到念完博士學位，而是當你投入這個專業，或是以某種人類學專業能力工作，就能算得上是「人類學家」了！

換言之，「受過人類學訓練」而在學界以外運用人類學能力的人，以及「沒受過人類學訓練」卻在做和人類學家一樣工作的人，都可稱之為「百工裡的人類學家」。

人類學培養的人材相當多元，例如，阿富汗現任總統阿什拉夫・加尼（Mohammad Ashraf Ghani），於美國哥倫比亞大學取得文化人類學碩士。現任世界銀行總裁金墉，於哈佛大學獲得文化人類學博士。而知名度最高的是大提琴家馬友友，他也是哈佛大學人類學系的畢業生。這些人都在各自的專業上運用了人類學的方法或態度，也都曾在不同訪談中表示，人類學教育對他們職涯意義深遠。

此外，更可看到許多人類學家直接在商業、非商業領域發揮人類學的專業能力。晶片大廠Intel聘請了人類學家吉尼薇芙．貝爾（Genevieve Bell）擔任研究院院士，調查世界各地對於數位科技的潛在需求。詹恩．奇普切斯（Jan Chipchase）協助手機大廠諾基亞調查中國、烏干達各地的手機市場，進而協助發展出適合當地的服務系統。芙萊莉．歐森（Valerie Olson）與其他人類學家，攜手協助美國太空總署（NASA）發展太空人與宇宙航空科技的民族誌研究。

這些例子都顯示出，人類學早已擺脫憂鬱沉重的包袱，邁向行動主義，在各領域被充分應用、發揮影響力。

跨領域的應用與創新

反觀台灣，「文化人類學」至今尚未普遍成為各大

人類學的基本態度與方法適用於職場

學通識課程之一，在社會上提及「人類學」，也大多還停留在《印第安納瓊斯》、《神鬼傳奇》等電影中探險、挖寶的刻板印象，顯示社會大眾對於今日人類學的認識仍有相當大的不足與落差。

雖然近年台灣的人類學者們在學術領域中大力鼓吹人類學的重要，也累積了卓越的研究成果，但是對於人類學知識與方法在教育體制內的「大眾化」仍力有未逮。而台灣人類學系所畢業生往往只能朝學術專業發展，學術工作出現僧多粥少的窘境，卻忽略了若能善用人類學的研究方法和基本態度，其實在各行各業都可以開創新局、發揮力量。而台灣的民間企業界，對於人類學這學門也只有模糊的認識，不清楚這些受過人類學訓練的畢業生們，究竟在自己的企業體中可以扮演什麼角色？

唸人類學是否一定要成為「人類學者」在學界服務？對我來說，這是一個錯誤的假設。將「人類學家」等同於要在學術界服務的「人類學者」，只會讓這個學門更加狹隘、失去生命力。

本書將嘗試重新定義「人類學家」，並透過國際趨勢與台灣個案，呈現人類學核心能力的應用——他們就是「百工裡的人類學家」，在各領域驅動令人驚喜的創新，帶來正向改變。

人類學家是現在最需要的人才

當今全世界都已注意到人類學的價值，並發展出人類學應用在產業、職場的趨勢。

全球知名設計公司IDEO總裁湯姆．凱利（Tom Kelly）在《決定未來的十種人》一書中，第一個點名要招募的便是有「人類學家」能力與特質的人才，因為人類學家善於在第一線直接接觸被研究對象，對之做出全方位觀察，並對現象背後的意義提出深刻解釋，這正是企業創新與設計最重要的能力之一。湯姆．凱利並列舉出人類學家擁有的特質，使他們足以勝任引領創新的重要推手：

1. 人類學家修習禪理中的「初心」（beginner's mind）。
2. 人類學家熱愛所有人類行為中的新鮮事。

3. 人類學家會參考他們自己的直覺。
4. 人類學家在「Vuja De」（未曾相識）中尋求頓悟。
5. 人類學家會隨身帶著「錯誤表」或是「構想庫」。
6. 人類學家願意在垃圾桶裡尋找線索。

這些特質究竟是怎麼來的？

問題的答案要從人類學訓練的過程講起。以一個人類學系大學生來說，他必須要修習「人類學導論」、「生物人類學」、「考古學」、「語言人類學」以及「文化人類學」的基礎知識。學生們不僅從生物學、語言學的角度學習到人何以為人，更從考古學習得了物質文化分析的基礎，從文化人類學學習到全世界文化的多樣性。

「文化人類學」的訓練大致上又分成三塊：「民族誌」、「文化人類學理論」與「田野調查」，三者之間是不可分割的。

- **民族誌：**首先，人類學必須閱讀大量民族誌，包括大洋洲、非洲、拉丁美洲、亞洲等地民族文化都是學習的範圍，這有助於學生養成真正的「世界觀」。
- **文化人類學理論：**又分為「典範理論」與「主題理論」。「典範理論」包括演化論、功能論、物質論、結構主義、詮釋論、應用論等，這是伴隨著西方整體社會科學哲思潮流的發展而產生。「主題理論」則包含政治、經濟、親屬、宗教、醫療、性別，物質文化、生態、飲食、感官、情緒、文化、法律、數位科技等，這些都是人

「百工裡的人類學家」兩種類型

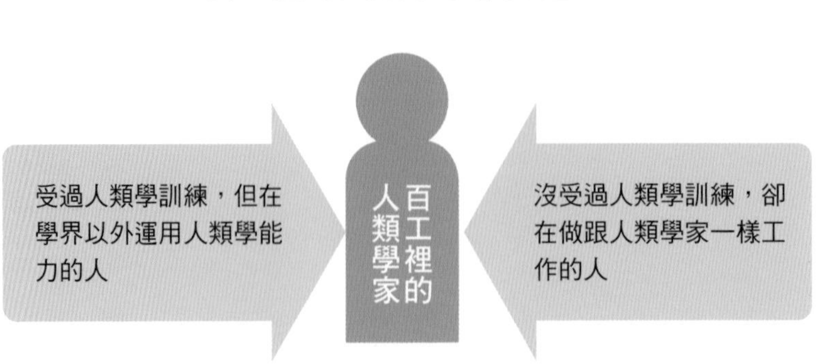
受過人類學訓練，但在學界以外運用人類學能力的人
百工裡的人類學家
沒受過人類學訓練，卻在做跟人類學家一樣工作的人

類文化基本可見的主題類型。理論的學習必需佐以大量民族誌的閱讀，用以識別同樣的文化主題在世界各民族社會之中有何不同的實踐方式。

● **田野調查：**最後，文化人類學最重要的訓練就是「田野調查」研究的能力。這包含了對於研究議題的發想與準備、研究過程的實際執行，以及資料收集後的研究分析與書寫。很多人以為只要做「田野調查」就算是人類學家，但常忽略了人類學家在做田野調查之前必要的準備功夫，例如研究對象資料的收集、研究問題的設計、研究倫理困境的預想等，都是在實際進行田野調查之前不可缺少的準備工作。

在田野調查的過程中，人類學家必須離開他所熟悉的原生環境，盡其所能地進入他所要研究的社會之中，嘗試成為其社會團體成員的一分子，並且忠實地記錄下他的所見所聞。人類學家必須透過「參與觀察」，實際參與各項社會活動之中，同時需要透過「深度訪談」，挖掘研究對象在現象背後的思考邏輯。

田野調查結束之後，這些收集而來的資料還需要經過分析，與其他相關的民族誌資料進行比較，並對之做出理論性的詮釋，才能對所研究的文化現象提出合理的解釋。這些經過分析的田調資料被編寫為「民族誌」，便成為之後研究相同族群、課題的重要參考資料。

人類學三大核心能力：觀察力、全貌觀、反思詮釋力

透過上述的人類學訓練，可培養出以下三種核心能力：

● **觀察力：**是人類學田野調查訓練之後會獲得的重要能力。人類學有著「冒險」的基因，總是把眼前的文化現象當做新鮮事，不是見怪不怪，而是要「見不怪而怪」。對於人類學家而言，眼前任何文化現象都需要解釋，與其他現象可能有隱而未見的關連，所以必須透過更深入、更全面的觀察掌握蛛絲馬跡，以得到脈絡化的全景。人類學家的觀察力，也來自於大量閱讀民族誌的訓練，嘗試提出另類觀點，這對於如何在觀察過程中轉換視角、換位思考相當有幫助。

● **全貌觀**：是人類學知識的特徵，也能用來形容受過人類學訓練的人看世界的方式。當你已學會掌握人類的生物特徵，擁有融入在地的語言能力，更有機會以全世界的尺度來思考，任何眼前的文化現象都不再只是單一個案，而可以與各種事物連結在一起，形成一個廣大的「意義網絡」。

● **反思詮釋力**：指人類學家善於反思眼前文化現象的成因，並進一步詮釋這些現象背後的意義。人類學家在對文化現象提出解釋與詮釋時，會要求能反映出「原生觀點」（native point of view），呈現當地人的文化思維邏輯，同時也會與全世界相關的現象進行比較與對話；透過各種文化主題的反思，對整體人類文化的共通性有更進一步的理解。

「觀察力」、「全貌觀」、「反思詮釋力」，是受過人類學訓練之後獲得的三項核心能力與特質，面對市場變化與創新挑戰，愈來愈多的企業或是非營利組織都看見這樣的人才特質，紛紛表示「我們都需要人類學家」！

百工裡的人類學家

本書探討的「百工裡的人類學家」，可能是直接或間接學過人類學，或者是自學人類學，或甚至從來沒有想過自己其實在做類似人類學家所做的工作，但他們都凸顯了人類學方法與態度的價值，證明善用人類學的能

文化人類學最重要的訓練「田野調查研究」，包含三個階段

1 研究議題的發想與準備

研究對象資料的收集；研究問題的設計；研究倫理困境的預想等

2 研究過程的實際執行

參與觀察；深度訪談；忠實記錄

3 研究過後的分析與書寫

進行與民族誌資料的比較；理論性的詮釋；對於所研究的文化現象提出合理解釋；編寫成為「民族誌」

力與特質，能在各領域積極創新，帶來正向的社會影響力。

本書的第一部，將為讀者引介人類學在國際間最新的應用趨勢，分析如何運用「厚描法」（thick description）挖掘「厚數據」（thick data），打造以人為本的創新。

本書的第二部，將直擊台灣最具活力的社會現場，透過生動的民族誌手法，分析十三位「百工裡的人類學家」如何鍛鍊他們的「人類學之眼」，在五大領域帶來令人驚艷的創新：

- **商業創新的人類學：**林宛瑩、林承毅、張安定
- **社會設計的人類學：**邱星崴、陳懷萱、蔡適任
- **小地方的人類學：**邱承漢、林秀芃與掀海風
- **餐桌上的人類學：**莊祖宜、黃婉玲、洪震宇
- **民族誌創作的人類學：**阿潑、Akru

從一個人的書房寫作、廚房料理，到一群人的風土旅行、文創設計、社區營造；從協助企業以人類學方法改善體質、創新服務，到以人類學調查為「創業」基礎去解決社會問題，每一位「百工裡的人類學家」都發揮了改變社會的正向能量。

讓我們帶著新鮮的眼光重新看世界，像人類學家一樣去體驗、去改變、去創造，將來自人類學「厚數據」觀察的洞見，轉化為成功的創新方案！

人類學訓練，帶來三項核心能力

全貌觀	人類學知識的特徵，受過人類學訓練的人看世界的方式，連結各種事物形成意義網絡
＋ 觀察力	見不怪而怪，轉換視角，得到脈絡化的全景，靠田野調查訓練與民族誌資料累積來養成
＋ 反思詮釋力	反思眼前的文化現象的成因並詮釋其意義，呈現當地人的文化邏輯，進一步理解整體人類文化的共通性

第一部

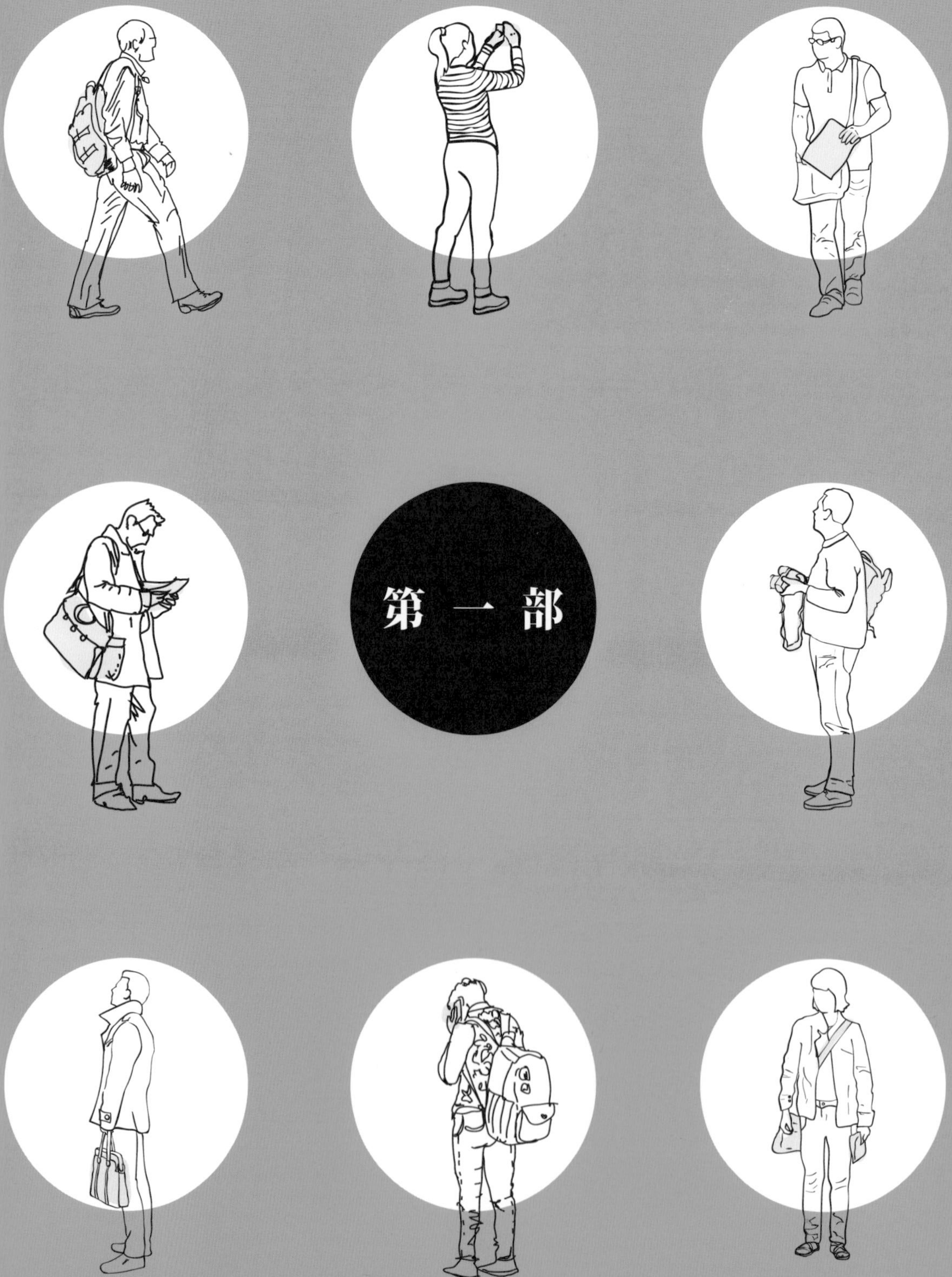

挖掘厚數據，
打造以人為本的創新

善用人類學脈絡式的觀察，透視人心、
洞悉需求，引領社會創新！

第一章

人類學創新現場

具有社會影響力的創新，絕對不單只是技術的突破或行銷的標新立異。人類學家以人為本、抱持社會關懷投入創新行列，不僅帶來解決問題的新產品或新服務，也促成了社會的變革與人文精神的提升。

創新（innovation）是人類文明與世界進步的動力，但創新並不只是創意點子的曇花一現，也不只是生產模式的效率提升，而是要能找出人們未被滿足的需求，也要積極回應社會對於人文價值的期待。真正具有社會影響力的創新，絕對不單只是技術的突破或行銷手法的標新立異而已，而是立基於對當下整體社會脈絡的觀照，進而反思：「人們等待被解決的問題為何？」「人們期待一個什麼樣的未來？」

在今日，人類學早已不再只是「在荒煙蔓草中挖掘考古遺址」的學問，或只能「在遙遠部落與原住民一起生活」，人類學家與人類學方法正在努力回答上述這些新的問題、新的需求，並成為各領域重要的創新動力。

傳統上，人類學家參與的創新，與其所進行的田野調查計畫有密切關係。許多在第三世界或是相對低度開發地區作研究的人類學家，往往成為帶領當地民眾推動發展與創新的重要推手。

例如，印尼政府在一九七〇年代於峇里島推動「綠色革命」，想透過品種改良、農藥與肥料提升當地梯田的稻米產量，卻因為忽略了地方宗教組織對於農業與自然環境的影響力，最終以失敗收場。人類學家史蒂芬・蘭辛（Stephen Lansing）透過在峇里島的長期調查，解開當地宗教對於維護農業產量與自然生態的祕密，成為後來印尼政府對該地農業政策革新上的重要參考。

人類學家「以人為本」的創新

當前，人類學家對於世界所遭遇的問題更加敏感，更願意投入創新的行列，這不僅帶來了許多解決重要問題的新產品或新服務，也促成了社會整體的革新與人文精神的提升。

例如，人類學家辛西亞．寇恩（Cynthia Koenig）在印度鄉村田野調查時，看到婦女必須花大量時間離家取水，造成日常沉重的負擔，因此她發想將塑膠水桶側放並且加上把手，使之成為可以在地上滾動向前的「水輪桶」（Wello Waterwheel）。這樣一個小小的創新，讓印度婦女的取水過程變得省時省力，也讓她們從家務中得到更大的空間與自由。

又如，人類學家麥克．湯瑪斯（Michael Thomas）的田野調查不在遙遠的部落，而是在汽車上，「在中國，我們發現汽車可以幫助人們完成他們的身分轉換。」湯瑪斯是福特汽車公司的人類學家，運用民族誌式的田野調查方法，協助汽車設計師了解汽車在不同社會文化裡的意義與使用細節。在中國，他發現，汽車的購買與使用，將促使一個人轉換成為一個家庭的領導者與守護者，進而設計出更能貼近消費者需求的下一代福特汽車。

這樣的例子不單發生在國外，在台灣也能發現許多案例應用了人類學方法發展出令人驚豔的創新。以多次榮獲國際設計大賽的台灣設計師謝榮雅為例，他所率領的「奇想創造」團隊，不單幫大同公司設計新的電鍋造型，更透過類似人類學的方法在銷售門市裡蹲點觀察，找出整體服務流程的缺失，進而從店面服務到產品造型上，提出系統與策略的創新。

總的來看，人類學家之所以投入創新，正是因為這個學門強調「以人為本」。不管是理論面還是方法論，都可以看到人類學始終強調要把視野擺在「人」之上，實際去接觸人，從人出發去理解這個世界。許多創新研究者都呼籲「創新要以人為本」，但實際上創新者若對於「人」沒有高度的人文關懷，或沒有積極的動力，這句話很容易就會淪為口號。

正因如此，世界知名設計公司IDEO執行長湯姆．凱利在介紹自己公司的創新路徑時，首先點名需要「人類學家」。這是因為在人類學家的訓練過程中強調對於「土著／原生觀點」與「在地知識」的捕捉，使人類學家比一般人更習慣於觀察並轉換自己的視角，從被研究對象的角度來看待問題，也更能捕捉到一般人看不出來的需求。

這些「以人為本」的創新不僅是透過觀察找出需求而已，而是像人類學家一樣不斷在世界文化裡「同中求異」又「異中求同」，浸沒於脈絡之中又能抽離出來反思，找尋真正有價值的洞見。唯有如此，創新才能真正與文化價值與社會脈絡結合，打造「以人為本」的創新。

設計思考、設計力創新，都需要人類學

在當前的創新研究上，使用者導向的「設計思考」（design thinking），與由設計師所主導的「設計力創新」（design-driven innovation），可說是最為重要的兩個路徑，兩者都注意到「人類學家」與「人類學方法」在創新歷程上的重要性。

「設計思考」的推動者以IDEO與史丹佛大學設計學院（d.school）為代表，透過「體察→定義→發想→原型製作→原型測試」五個階段來找到消費者需求，並透過「原型製作」來研發創新的方向。

而由義大利創新管理教授羅波托．維甘堤（Roberto Verganti）所倡導的「設計力創新」，則是強調整體企業中設計團隊的前瞻性戰略位置，透過重新詮釋使用者的需求，讓技術的驅動力與設計力交互作用，進而引領創新的方向。

可以說，「設計思考」強調人人都有創新能力，透過團隊合作與具體的原型製作，來達到創新的目標；而「設計力創新」則重視設計力在企業經營與創新上的角色，呼籲企業要從設計出發引導創新，帶來市場與影響力上的升

級。

具體來看，人類學方法如何應用在這兩種創新的路徑？

在「設計思考」的哲學裡，強調了人類學家進入田野發現問題的能力，透過與人的實際接觸挖掘出真實的需要。相較之下，「設計力創新」則強調人類學家作為「文化產製界」的「詮釋者」角色，認為人類學家能清楚捕捉與說明人如何賦予事物意義的過程，進而協助設計團隊發展設計論述。

若從人類學的專業訓練來看，「設計思考」與「設計力創新」其實都看到了人類學不同的長處。「設計思考」運用了人類學家作為田野工作者的優勢，成為創新過程中前期問題探索挖掘最重要的驅動力。「設計力創新」同樣也強調人類學者的田野調查能力，但更看重其作為「文化詮釋者」的角色，期待人類學者能點出文化符碼下潛藏的價值觀以及社會規則，及其驅動人產生行動的機制。

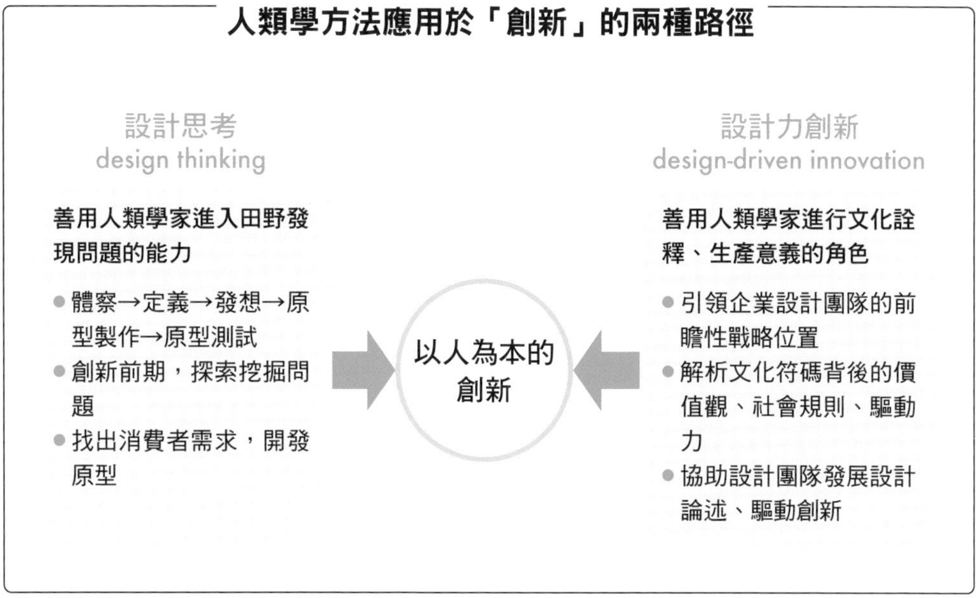
人類學方法應用於「創新」的兩種路徑
設計思考
design thinking
善用人類學家進入田野發現問題的能力
● 體察→定義→發想→原型製作→原型測試
● 創新前期，探索挖掘問題
● 找出消費者需求，開發原型
以人為本的創新
設計力創新
design-driven innovation
善用人類學家進行文化詮釋、生產意義的角色
● 引領企業設計團隊的前瞻性戰略位置
● 解析文化符碼背後的價值觀、社會規則、驅動力
● 協助設計團隊發展設計論述、驅動創新

第二章

發揮厚數據的力量

運用人類學觀察與訪談方法所得到的資料，可以稱之為「厚數據」，它呈現具體的情感、故事和意義，幫助產業在創新過程中洞察人與市場的需求，進而讓設計師與研發人員發展出讓人驚艷的設計。

「厚數據（thick data）是指利用人類學的定性（質性）研究法來闡釋的數據，旨在揭示情感、故事和意義。」——從事商管顧問的人類學家，PL Data公司創辦人以及IDEO研究員王聖捷如是說。

當前不少企業正熱衷透過使用「大數據」（big data）來捕捉消費者的偏好，但通常這些數據只能看出趨勢，卻不能真正掌握到人們消費行為背後的成因。

相較之下，人類學家與人類學方法所得到的可以稱之為「厚數據」或是「厚資料」，這些透過觀察與訪談所得到的資料不同於冰冷的數字，而是具體的故事、情緒與話語，更能反映出人行動背後的原因與價值觀。而人類學家與人類學方法所收集到的厚數據，往往也能成為創新團隊合作的重要參考，甚至能精準地引導整個創新的方向。

厚數據分析法，揭示商業洞察

這幾年伴隨著智慧型手機以及各類數據工具滲入人們的生活之中，「大數據」成為一門顯學，頓時間企業與大學都成立大數據研究單位，希望透過對於數據資料的收集與分析，對於人的行為傾向以及市場趨勢有更多的理解與掌握。然而，當企業與機構過度依賴數據，往往也就背離了真實的消費情境，甚至也難以發展出真正有用的創新。

王聖捷分析，「企業組織在運用大數據時，如果沒有一套整合框架或權衡尺度，那麼大數據就會變成一個危險因子。史蒂芬・麥斯威爾（Steven Maxwell）指出：人們過度沉迷於數據信息的量，卻忽略了『質』的部分，也就是分析法所能揭示的商業洞察。」量越大並不意味着生成的洞察就一定越多。（註一）

王聖捷具體舉了諾基亞（Nokia）的例子。當時，她正協助該公司做市場調查，並從自己在中國田野調查的經驗指出，中國市場已經準備好要接受中高價的智慧型手機；然而，公司高層從數據上判斷相信應該要繼續推出低價產品，並不採納她當時只有一百個樣本數的田野調查結果。事後證明，諾基亞對於市場的判斷的確有誤，對於市場數據的過度依賴，造成了創新上的延誤，也使得整體經營策略陷入困境。

這樣的例子不僅發生在諾基亞，許多企業都面臨類似的挑戰。無怪乎，蘋果的創辦人賈伯斯曾說「蘋果從不做市場調查」，就是不願意讓過大的量化數據造成創新的困境。

王聖捷以〈大數據離不開「厚數據」〉一文，提出兩點透徹分析（同註一）：

- 厚數據難以量化，但能從少量樣本中就解讀出深刻的意義和故事。厚數據與大數據截然不同，定量數據需要依賴大量的樣本，同時藉助新技術來捕捉、儲存和分析數

厚數據vs大數據

厚數據 Thick Data	大數據 Big Data
用「質性研究法」來闡釋現象，旨在揭示情感、故事和意義	用「定量研究法」來分析數據，依賴正常化、標準化的定義和歸類過程
藉助少量樣本，就能深層解讀出各種以人為本的模式	需要藉助大量樣本，來揭示特定的行為模式
依賴人的學習活動	依賴機器的學習活動
體現各種數據關係背後的社會背景、行為動機	從一系列特定的定量數據整理出規則
包容不可被化約的複雜性，能深入人們的內心，折射出日常生活中的各種情感	通過分離變量以確定其模式，無形之中可能剔除數據中包含的背景、意義和故事

據。要讓大數據變得可分析，它就必須經過一個正常化、標準化的定義和歸類過程，這個過程會在無形之中剔除數據中所包含的背景、意義和故事。而厚數據恰恰能防止大數據在被解讀的過程中丟失這些背景元素。

- 當企業想要與利益相關方建立更穩健的關係時，就會需要用到「故事」。「故事」包含著情感，而這是經分析過濾的標準化數據所不能提供的。數字無法折射出日常生活中的各種情感：信任、脆弱、害怕、貪婪、欲望、安全、愛和親密。很難用算術法則來表示一個人對服務／產品的好感程度，以及這種好感會隨着時間變化而發生怎樣的轉變。相對地，「厚數據」分析法能深入人們的內心，從故事中找回「人」的價值。

厚數據人才，面對瞬息萬變的市場挑戰

相較於大數據，「厚數據」更能適用於產品與服務的創新。厚數據的厚，是來自於人類學家克利佛德・紀爾茲（Clifford Geertz）提出的厚描法（thick description），強調對於眼前現象意義的掌握，要具有對於其背後文化厚度的理解（參考第三十一頁）。正因為厚數據是收集自確切的社會互動、生活場景、使用脈絡、語言認知以及人的真實需要，更能讓產業在創新過程中掌握到人與市場的隱藏需求，進而讓設計師與研發人員發展出讓人驚奇的設計。

例如，《大賣場裡的人類學家》（*The Moment of Clarity: Using the Human Sciences to Solve Your Tougest Business Problems*）作者，同時也是ReD設計顧問公司創辦人麥茲伯格（Christian Madsbjerg）與拉斯穆森（Mikkel B. Rasmussen），便是運用「質性研究」的田野方法深入家庭調查，透過數百個小時的訪談、影片，協助三星（Samsung）挖掘「電視」相關的厚數據，發現電視在現代家庭中的裝飾意義越來越重要，因此成功結合電視的外觀和功能，推出以「家具」為設計概念的新美學，並且改變了電視機的銷售、營銷和維修方式，提升企業整體競爭力。

另外，他們也協助樂高（Lego）用參與觀察的方法研究兒童如何玩耍。二〇〇四年，這家丹麥公司一天虧損就

高達一百萬美元，其產品與消費者需求出現脫節，處於破產邊緣，該公司品聘請顧問公司在五個國際大都會對樂高用戶進行研究，方法類似於人類學的田野調查——他們進入真實生活現場和孩子一起玩耍，「在收集了透過無數個小時的視頻、數以千計的照片和日誌以及數百個用樂高搭乘的模型之後，樂高細緻地為所有資訊進行編碼，從中尋找跨越地理位置和年齡的模式。」協助樂高找出兒童玩樂的意義時，他們發現，孩子們最喜歡的其實正是「一磚一瓦」親手慢慢堆積木的樂趣，因為孩子可以從摸索、想像、創造的過程中得到最大的快樂。這來自於厚數據的洞察，推翻了原先孩子會從現成的造型公仔、玩偶或玩具得到立刻滿足感的假設，進而協助樂高發展出整體的產品創新策略（註二）。

在《華爾街日報》（*The Wall Street Journal*）上，兩位企業顧問專家以〈厚數據的力量〉（The Power of 'Thick' Data）一文指出：「厚數據可以協助企業理解，消費者在接觸產品與服務時產生的情感以及內在的脈絡，因此更能協助企業面對瞬息萬變的商業挑戰。」（註三）

註一 參考王聖捷「大數據離不開厚數據」一文（http://www.hksilicon.com/articles/802705）

註二 參考「從大數據到厚數據」一文（http://sandavid1123.pixnet.net/blog/post/401037640）

註三 參考"The Wall Street Journal, "The Power of 'Thick' Data"（http://www.wsj.com/articles/SB10001424052702304256404579449254114659882）

第三章

厚數據創新五種心法

鍛鍊你的「人類學之眼」，用全新的眼光偵察這世界，挖掘生活中的厚數據，善用「換位、解構、翻轉、修補拼貼、融合」五種心法，你也能洞察需求，打造以人為本的創新！

擁有處理厚數據能力的人類學家，是產品與服務創新最重要的推動力。當前國際知名的設計或是顧問公司都看重人類學家的能力，希望他們能在設計思考的過程中提供有效的洞見，成為發展產品與服務「創新」的重要力量。

正如曾任職IDEO設計部門的人類學家王聖捷所說：「『厚數據』是指利用人類學定性研究法來闡釋的數據，旨在揭示情感、故事和意義。」人類學家所撰寫的民族誌，往往就是最理想的厚數據形式。田野調查的執行、民族誌與理論的閱讀，都是人類學家訓練過程中的要項，民族誌注重情境，不僅有豐富的故事性，更能讓人激發出具有脈絡感的想像力。再者，人類學民族誌不只有文化理論，還記錄了世界各地眾多的文化創新實例，適合創新者換位思考、尋找靈感。

我在自己的「設計思考」課堂上，從厚數據以及人類學本身的特質，歸納出五個最重要的「創新心法」：

換位 Empathize

在「使用者中心」的設計創新主張中，常強調要掌握使用者的觀點與感受，記錄下使用者對於服務或產品的真實使用過程，及其背後的社會脈絡，進而找到未被滿足的需求，並以此作為創新的出發點。

這樣的設計態度，與人類學民族誌田野調查中希望捕捉到人類學家馬凌諾夫斯基（Bronislaw Malinowski）所說的「原生觀點」，也要呈現紀爾茲所強調的地方知識（local knowledge），非常接近。對於人類學家來說，最理想的厚數據，就是所謂的「民族誌」：人類學家將研究對象的互動過程鉅細靡遺的記錄下來，也要求自己能掌握對方的語言，進而能理解概念與行動之間的關係，要能從地方的脈絡，解讀資料的意義。

人類學家換位思考的能力，運用在「厚數據」的資料收集上，具有揭示「情感、故事和意義」的特質，因為忠實記錄下人們所面對的問題以及因此帶來的情緒，更能幫助找到創新的切入點，從最被人所關心的項目下手。

解構 Deconstruct

人類的語言、社會、行動其實都是有結構的，而人類學家的訓練讓他們能夠掌握這些結構組成的元素，進而去「解構」。語言的結構、行動的結構、到社會的結構，甚至是結構之間的連結方式，都是人類學家擅長的思考工具。瑞克里夫—布朗（Alfred Radcliffe-Brown）所主張的「結構功能論」，強調社會是「有機體」，社會各個部門（例如政治、宗教等）都有其維持整體社會運行的功能；瑪麗．道格拉斯（Mary Douglas）在《純潔與危險》（*Purity and Danger*）一書指出，許多「禁忌」本身，其實是來自於文化當中的「分類體系」，難以被分類的動物、行為，往往被冠上了「不潔」的標籤。人類學的訓練，正有助於解構現象背後的運作規則。

此外，人類學家能從眼前的田野資料中進行跨社群、跨文化的比較，因為人類學的訓練中要求大量閱讀世界各地的民族誌，因此會不斷提問：「這個問題如果換成巴布亞新幾內亞人，會怎麼想？」「換成紐西蘭毛利人，又會怎麼想？」透過比較性的思考歷程，不僅達到解構的效果，也更能符合設計思考中所要求的「重新定義問題」，找到問題的最關鍵成因，進而從中切入發展創新，達到最好的社會效益。

翻轉 Reverse

從厚數據中認清「結構」之後，人類學家發現許多社會常在「儀式」中翻轉了既有的社會結構，或是在「神話」中讓「符號」翻轉。例如「通過儀式」（rite of passage），就是讓參與儀式的人們翻轉了原本所屬的社會階層，或是讓原本的社會位置變得模糊。將這樣的觀念應用在創新上，正是要去「翻轉」或「扭轉」原本既定的觀念、行為或是社會現象背後的結構，進而找到創新的切入點。

這樣的創新策略在「社會設計」或是「社會創新」之中尤為常見。透過「厚數據」的資料累積與分析，可以發現許多社會結構上被忽視的需求及其成因，透過挑戰這些「成因」，或是賦權（empower）給弱勢者，往往能帶來很好的效果。例如，人類學家與社會企業家辛西亞・寇恩，為了幫助印度女性擺脫到遙遠水源地取水的沉重負擔，將原本頂在頭上的水罐，轉換成為可以推著走的「水輪」（waterwheel）。日本「新鮮漢堡」（Freshness Burger）為日本女性不敢在男性面前張嘴吃漢堡而設計的「解放包裝紙」（liberation wrapper），在其上設計有趣圖像，使女性可以遮住嘴部好好享受漢堡美味，又讓用餐經驗具有趣味與話題性。

修補拼貼 Bricolage

結構主義人類學家李維史陀（Claude Lévi-Strauss）在《野性的思維》中分析，有別於西方現代的科學思維，在原始社會的神話敘事中，人類還有一種「修補匠式」（bricolage）的思維方式，就像修補匠一樣擅於運用手邊的素材，通過使用事件的存餘物和碎屑，來拼貼出一個又一個的神話體系。

從創新的角度來看，修補匠的拼貼，正是一種讓各式各樣的元素有機會得以相遇、組合的技巧，讓不同元素跳脫出原本的脈絡，一起完成設定的目標。這樣不設限的態度，正是創新者所需要；要能找出有效的元素加以拼貼，則有賴於對文化的敏感度。

加拿大醫生克里斯多夫・查理斯（Christopher Charles）發現柬埔寨人日常飲食缺鐵，最容易的解決方法就是用鐵鍋烹煮，或在烹調的過程中加入鐵塊一起拌炒、釋放鐵質，但是這些措施都未被當地人採用。他回頭審視柬埔寨人的宗教信仰，發現「魚」是吉祥的象徵，因此把鐵塊鑄成「魚形」，成為當地人的幸運小鐵魚，將其用來一起煮湯，解決了鐵質缺乏的問題。這樣跳脫脈絡又富有文化敏感度的拼貼，帶來了具有社會效益的創新。

融合 Fuse

透過「融合」產生新的文化形式或是模式，在人類學家的民族誌中常可以看到。例如，初步蘭島的「板球運動」（cargo cult），當地原住民從英國殖民者那邊學到了板球的玩法，又加入了具有當地文化精神的規則。移民人類學的田野調查中，也可以發現移民小孩具有原生文化與在地文化的融合特徵，據此作為身處兩個文化交界的適應策略。

這樣的文化融合現象，在人類學理論稱之為「文化涵化」（acculturation），從創新的角度來看，不同系統之間的

挖掘厚數據：人類學方法於「設計思考」的具體應用

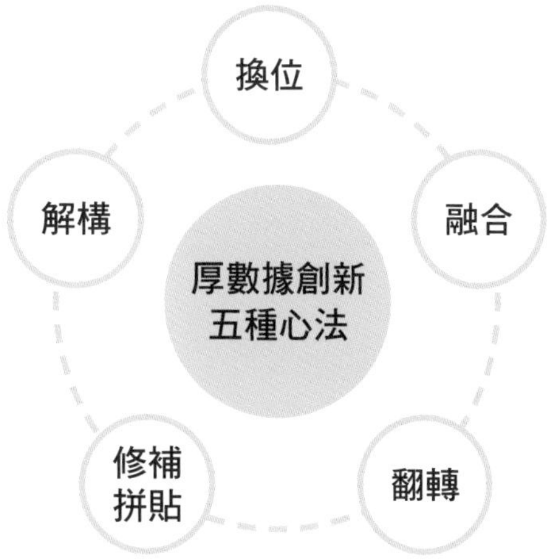

融合，將可發展出新的內容與形式。許多中式餐廳採用西方速食業的管理方式，或是採取中菜西吃的經營策略，便是系統之間的融合與創新。本書個案邱承漢經營「叁捌旅居」，他熟悉婚紗店的經營，設計師夥伴辜達齊擅長建築設計，雙方合作把婚紗設計與建築設計的元素融合在一起，營造出獨有的幸福空間。

不同的厚數據系統之間看起來或許毫不相關，但正如世界各地的文化都有機會發生「融合」，透過連結不同的厚數據資料，也能交融混合成為新的系統。

本書分析國際案例，證明「鍛鍊人類學之眼」將能幫你有效掌握問題的脈絡；運用人類學田野調查方法挖掘厚數據，則有助於把冰冷的科學方法人性化，因為貼近人性、洞悉行為背後的深層意義，解決問題時，更容易找出捷徑與新方向。

一起來鍛鍊你的「人類學之眼」吧！用全新的眼光偵察這世界，挖掘生活中的厚數據，善用「換位、解構、翻轉、修補拼貼、融合」五種心法，你也能洞察需求，將之組織成有效的創意提案，有效引領創新！

參考資料：

http://www.luckyironfish.com/

http://wellowater.org/

http://www.businessinsider.com/japan-freshness-burger-liberation-wrapper-2013-11

從「厚描法」到「厚數據」的創新

厚數據的厚，來自於人類學「厚描法」（thick description）的啟發，強調對於眼前現象意義的掌握，要具有對於其背後文化厚度的理解。和人類學家聊天，經常會聽到他們說「這件事要擺在『脈絡』（context）裡來看，才能看懂這件事的意義！」可以說，人類學理論或方法的特徵就是「脈絡式思考」或「網絡式思考」，這與人類學家如何思考文化、訓練自己研究文化有著密切的關係。當代最有影響力的人類學家克利佛德．紀爾茲在《文化的詮釋》（*The Interpretation of Cultures*）一書中指出：文化是一個象徵的網絡（web of symbols），也是一個意義的體系（systems of meaning）。人類學家的訓練，就是要從田野工作觀察或經驗到的文化現象，描繪出一套當地人的意義體系，而要描繪這個意義體系，最重要的方法就是「厚描法」。「厚描法」是什麼意思？紀爾茲舉例，「眨眼」這個動作可以是生理性的，也可以是文化性、社會性的，只有在同樣一個意義網絡裡的人，才懂得眼前的人對自己眨眼是什麼意思；而人類學家的角色與工作，就是透過田野調查，進入到這個意義體系當中，再跳出來描述這個「意義之網」，讓外人也能正確理解這個眨眼動作所隱含的文化性、社會性意義。

所以，人類學家的思考模式，是將觀察到的現象「擺進脈絡」，用「厚描法」來思考與描述：

- 這個「脈絡」到底是怎麼構成的？
- 在這當中什麼樣的人發揮了關鍵的影響力？
- 什麼樣的文化價值左右了事情的發展？
- 什麼樣的文化因素影響了人對於事情的觀感？

也就是說，人類學家善於運用「厚描法」，從人們的語言、動作、情境、儀式、歷史、物件等蛛絲馬跡之中，去還原出一張屬於眼前這群人的「意義之網」，並用這個網絡來思考現象背後的意義。對於強調「大數據」的今日，人類學「厚描法」的訓練將能用於挖掘「厚數據」，幫助你洞察需求、引領創新。那麼，什麼是「厚數據人才」？讓我們一起來看看本書呈現的「百工裡的人類學家」！

第二部

百工裡的人類學家

善用人類學的眼光與田野觀察，
解讀厚數據、掌握創新契機，
帶來社會的正向改變！

百工裡的人類學家，善於以「民族誌式田野調查方法」（ethnographic fieldwork）來進行觀察，他們保持對於人的行為與文化現象的敏感度，能從細微處挖掘到一群人或是一個社群的行為邏輯與思考習慣。

他們善於運用「參與觀察」（participant observation）、「深度訪談」挖掘厚數據，找出日常生活行為背後的核心概念，理解語言符號體系、價值觀如何讓人成為行動者。

更重要的是，這些「百工裡的人類學家」重視文化的價值，擁有對於社會的熱情以及對於人文的關懷，在厚數據的分析過程之中，更能協助組織找到「高度」，釐清「價值主張」（value proposition），定位出真正「以人為本」、對社會有益的創新。

「百工裡的人類學家」臉書粉絲專頁與系列活動

【百工裡的人類學家】臉書粉絲專頁每日分享一到兩篇人類學相關文章，從二〇一二年至今，已經貼出約七千八百篇文章，幫助大眾更啟發人類學思考。團隊也將在線上、線下舉辦各項人類學應用推廣活動，讓大眾有機會在學院外接觸到人類學與在各領域應用人類學的專家們。

從二〇一四年起活動至二〇二四年成績大致如下：

- 辦理活動場次：一百二十八場（舉辦於台北各空間、高雄誠品書店、三餘書店、各大學）
- 辦理活動類型：論壇、講座、説書會、工作坊分享導讀過圖書數量：一〇二本
- 合作專業領域：策展人、UX設計師、社會企業工作者、作家、服務設計、作家、觀護人、藝術家、大學教師、地方創生工作者、插畫家、企業策略顧問、牙醫師、法醫人類學家、獨立書店店主、護理師、博物館員、樂器設計師、特色公園倡議人、商業顧問、民俗文化研究者、記者、健身教練等。
- 培力實習夥伴：十一名

計有超過五十位【百工裡的人類學家】運用這個平台分享過他們在各自專業領域運用人類學的經驗，讀者可於【百工裡的人類學家】粉絲頁掌握未來活動資訊。

之一

商業創新的人類學

挖掘厚數據，將洞察轉換為創新的商業力量！

鍛鍊你的人類學之眼

策略民族誌
STRATEGIC ETHNOGRAPHY

以完成企業策略目標所發展出的民族誌研究，研究成果可用於發現企業的優劣勢以及修訂經營策略。

組織文化，企業文化
ORGANIZATION CULTURE, CORPORATE CULTURE

組織或企業所擁有的共同價值觀、信仰和行為規範。通常由組織或企業的創始人、領導者和成員共同創造和維護，也會影響組織或企業的運作與績效。

走入企業、解決組織營運挑戰的人類學

在二〇一〇年春季，英國第一大民營跨國零售商Tesco開始在英國本土市場失去競爭力，而其全球利潤增長卻仍然可觀，這得益於其位於日本、韓國、中國、馬來西亞、泰國和印度的六家亞洲子公司的帶動。Tesco 亞洲區首席執行長大衛・波茨（David Potts）為此與企業人類學家合作發起了一個創新計畫「Tesco的本質」（Essence of Tesco），培訓了一個由九名亞洲經理組成的多元文化團隊，讓他們成為 Tesco 英國公司的內部民族誌學家，為期三個月，研究英國的五十二家商店，發展出獨特的「策略民族誌」。這個計畫的目標是幫助Tesco了解和評估構成Tesco本土優勢本質的核心做法，以及找出可以從Tesco的外國子公司學習的資源，用以幫助其在本土市場競爭日益激烈的情況下重振核心業務。

這個公司內的跨國民族誌學家團隊發現Tesco英國公司在企業文化上的十個核心價值觀：1. 以客為尊、2.領導

力DNA、3.成長機會、4.團隊合作（無形資產）、5.工作環境（有形資產）、6.擁抱和實施變革、7.「這是我的事業」、8.營運效率、9.信任的品牌、10.尊重事實和見解。

通過識別出Tesco英國公司的核心價值觀，並將其與員工的實際工作體驗進行對比，該團隊發現出公司聲稱的價值觀與實際運作方式之間的差距。例如，雖然Tesco標榜自己是一個「絕佳的工作場所」，但一些員工表示，Tesco除了支付薪水之外，其實沒有什麼特別之處。同樣地，雖然「以客為尊」是Tesco的一項核心價值觀，但在分析田野筆記過後則發現，在試圖實現績效指標（如銷售目標）的同時，公司內部存在著相互矛盾的價值觀，並不一定有效落實。

通過揭示這些差距和矛盾，這個「策略民族誌」為Tesco提供了一個機會，幫助其更清晰、更全面地了解自身優勢和劣勢。這些知識反過來可以幫助Tesco解決在英國市場面臨的挑戰，例如調整運營方式，使其與聲稱的價值觀保持一致，並從其亞洲子公司成功的實務中汲取教訓。換句話說，通過了解「Tesco的本質」，這家跨國公司可以開始彌合理論與實踐之間的差距，並創造出一種更強大、更統一的企業文化，從而推動未來的成功。

思·考·練·習·題

❶您所身處的組織或是企業之中，有沒有自己獨特的文化、禁忌或是價值觀呢？這些又是如何形成的呢？

❷人類學的民族誌研究方法，在商業領域除了用於企業與組織管理之外，還能應用在哪些商業挑戰之中呢？

參考書目：

Mary Brannen, Fiona Moore & Terry Mughan, *Strategic Ethnography and Reinvigorating Tesco Plc: Leveraging inside/ out bicultural bridging in multicultural teams*. Ethnographic Praxis in Industry Conference Proceedings. 2013.

Raza Mir & Anne-Laure Fayard (Eds.), *The Routledge Companion to Anthropology and Business* (1st ed.). Routledge. 2020.

Rita Denny & Patrica Sunderland, *Handbook of Anthropology in Business*. Left Coast Press. 2014.

第四章

林宛瑩：活用質性研究，捕捉市場趨勢

林宛瑩在大學階段從人類學與社工領域出發積累實力，畢業後轉入智榮基金會從事市場趨勢研究，不斷提升自己的質性研究與商業研究顧問能力，後來更創辦「奧沃市場趨勢顧問」，為企業捕捉消費者難以言說的真正需要。

在台北信義區一間百貨公司裡，林宛瑩穿著正式套裝正在主持一場訪談，參與分享的都是頂級的VVIP客人，她希望透過了解這些人對於來到百貨公司消費的期待，進而協助改善服務的內容。

轉個場景，在台中一個社區中心，林宛瑩帶著一群銀髮長輩聊起他們對於現在生活可以改進之處，以及對於未來生活的期待，目的是想要釐清在未來的智慧城市裡要怎麼有效地解決他們生活上的痛點。

設計與執行市場調查研究，可以說是林宛瑩日常最重要的工作，但你可能很難想像，她從台大人類學系畢業後，二十七歲時就創辦了一間市場趨勢顧問公司，在台灣各個角落為企業進行田野調查，掌握市場需求的演變趨勢，還為企業提供諮詢以及培力服務，讓自己積累的人類學專業登上為商業服務的舞台。

人類學＋社工的跨領域積累

雖然是台大人類學系科班出身，且現今在職場上得大量使用自己曾經習得的人類學田野技巧，但高中畢業選擇科系時，人類學其實並不是首選志願。「坦白說，我原本對於人類學不認識，只是模糊地感受到自己喜歡跟人接觸，覺得助人是很重要的事，也比較難想像唸完其他學系後如何直接和人互動，所以當時的首選是社工。」林宛瑩回憶道。

最終在分數的作用下，林宛瑩進入了台大人類學系就讀，但還是在升大二時選擇了社工系作為雙主修。不過回顧這一段經歷時，林宛瑩卻慶幸自己先讀了人類學系，當中世界各地民族誌與理論方面的訓練，都帶給她對於這個世界全新且更為全面的認知。「社工系課堂上強調和案主互動的經驗、和案主對談時要注意什麼事情等實務，相對少有比較抽象的討論；可是人類學的學習一直在做這方面的討論。」

雖然人類學與社工訓練的方式有所不同，但她也注意到兩者其實都非常強調和人的互動：「理解都是第一步，

百工裡的人類學家

林宛瑩：「我覺得人類學重要的地方在於你去認識這個世界的能力吧！比如說你跟其他人同樣在看一個研究，或是看一個同樣在做的專案，你能不能想出一個不一樣的路徑或方法。」

- 奧沃市場趨勢顧問CEO，曾任智榮基金會龍吟研論資深研究經理
- 於Hahow線上教育平台開設「需求讀心術：活用質性訪談與分析洞察人心」課程
- 台灣大學人類學系學士，雙主修社會工作學系，擁有社工師證照
- https://www.owlconsulting.com.tw/

本章照片提供／奧沃市場趨勢顧問

只有理解之後才能給對方適當的協助，或是有機會更加認識對方的社群，所以可以說雙方在最根本和人互動的關懷上是很類似的。」

林宛瑩感受到當初跨越人類學與社工領域的學習，都有讓現今的自己非常受用的能力積累。「社工那邊給了我比較多的是『對談技巧』，教了我們如何不會去冒犯對方、如何讓對方也願意和自己對談。而人類學這邊的田野調查對現在的幫助仍然是最大的。第一是讓我習慣被拒絕，知道要怎麼小心維護和報導人的關係、要怎麼找到那個報導人、要怎麼想方設法接近報導人，這些事也很常發生在我現在找客戶與合作夥伴的時候。第二是田野調查後面寫報告時的收斂與抽象思考能力，讓我們不只是在歸納資料，而是能更廣泛地去看這個現象為什麼會在這個群體、這個社會當中發生。」

林宛瑩於2019年龍吟趨勢論壇發表演講，當時她已是龍吟研論資深研究經理。

踏入市場趨勢研究

林宛瑩從人類學與社工領域轉向市場趨勢研究的關鍵，發生在大四那一年。由於她沒有立即升學唸研究所的打算，就先在人類學系寫大四畢業論文，同時探索個人職涯的可能性。「那時候在找各種實習，就有同學丟『智榮基金會龍吟研論』的實習生徵才資訊給我，上面有寫特別期待心理學或是人類學背景的人才。我那時想，這個世界上竟然有這種對於人類學的善意，一定要去試試看。」

智榮基金會是由宏碁集團創辦人施振榮先生所創立，二〇一二年在該基金會之中又成立了「龍吟華人市場研發論壇中心」（簡稱「龍吟研論」），旨在研究兩岸華人市場的未來生活與消費趨勢，協助企業即早掌握市場上潛在消費者的需求轉變以投入對應的創新研發，進而將台灣打造成為華人優質生活的創新應用中心。研究者會到台北、台中、高雄、廣州、上海、北京等兩岸三地的大都會找先驅消費者訪談，去釐清他們的想法和大眾有什麼差異或特別之處。林宛瑩所參加的是二〇一五年的實習生計畫，她形容那場實習像實境節目比賽：「二十幾個人在經過訓練、進入不同專案的實務磨練後，最後結業時只剩五、六個人而已。」

從培訓開始，衝擊就接踵而來。「我很少跟不是人類學系、社工系的學生相處，實習計畫大部分的人來自商管學院或是心理系，他們都超有自信且很會表達自己，想要在實習過程中爭取表現，第一次的課程就讓我印象很深刻。」真正開始實習之後，最先接觸到的衝擊則來自於研究的對象。智榮基金會主要的研究方向為「先驅消費者的生活型態調查」，企圖透過研究市場上最前端的消費者找到下一步創新的靈感，去預見台灣下一個世代生活轉型的趨向。但林宛瑩過往在人類學系的田野對象多是以部落或是傳統聚落為主，社工的實習則是面對社會弱勢群體，從沒接觸過商業市場調查，對先驅消費者這類型的研究對象其實非常陌生。

「先驅消費者是一群特定消費主題的知識和經歷比較豐富的人，一般而言也有不錯的社經地位。我那時候常常問自己為什麼要去了解他們的需求？事後回想不同的研究有不同的目的，這是為了要幫助企業創新，協助企業創造更大的商業價值，和過去在人類學、社工領域的經驗是截然不同的思維。」

發展有效率的質性研究能力

實習階段優異的表現，讓林宛瑩隨後就被延攬擔任正式的助理研究員，她也開始在這個階段積極發展面向不同類型群體的質性研究能力，同時面對不小的文化衝擊（culture shock），許多過去在學校學到的研究方式，到了職場上不見得能夠使用。就拿田野調查來說，她就感受到很明顯的差異：「過去人類學的田野強調的是很長期的沉浸，要花很多心思去維護長期的田野關係。但是在商業研究的世界，不一定需要這麼長期的關係維繫，如果有三個禮拜，就算是很長期的研究了。有時候就是跟一個人只接觸兩個小時，這時的挑戰就是我要怎麼讓對方在這兩個小時願意跟我說很多話，而且我的問話技巧要可以讓這兩個小時的資料收集效益極大化。」

在學校時所養成的研究習慣連帶需要調整，才能適應工作上的各種要求。「以前人類學的田野比較多在討論你如何做一個好的參與觀察者，跟好的關係維護者，然後從裡面用參與來洞見一些其他人沒有想過的事情。商業的世界沒有這麼有餘裕，它很講究效率，非常多的研究方法都要做效率的轉換。你明明知道在超商蹲點一個禮拜可以看到很多東西，可是你就是只有一個下午，或是只有三個小時，那你要怎麼安排？我就會早上一個小時、下午一個小時、晚上一個小時，因為客群不一樣。現在會需要很多執行方式選擇的技巧與能力。」

整合質性研究與量化調查的優勢

智榮基金會積極提升需求趨勢研究的影響力，後來將研究對象從原本的先驅消費者擴大到大眾消費者，第一步是切入智慧城市中民眾生活需求的討論。「我們在研究上的立場是：要打造智慧城市，那麼居民的需求重點在哪裡？我們在全台灣六個縣市做了十場智慧城市的討論，和社區民眾聊他們心目中的智慧城市以及對於未來生活的期待，之後再和過往的資料比對，去看大眾和先驅消費者之間的交集在哪裡。有一些的確是先驅消費者才會碰到的問題，但有一些根本的需求，大眾和先驅消費者非常類似。」

這個類似的部分後來成為重要研究案「樂樂活大家講——未來長者生活需求大調查」的前導。在這之前，智榮基金會的研究都是以質性研究為主，雖然可以深刻捕捉到人們最真實的隱藏需求，但對於講求數據、量體的企業來說仍少了點說服力。而「樂樂活大家講」是一大突破，採

在智榮基金會2017年「樂樂活大家講」研究案，林宛瑩進到台東太麻里等地面對長者進行調查。

取量化的研究調查，集結了過往智榮基金會面對長者所積累的研究素材，並且將其轉變成六十個痛點問題，用以挖掘長者們在當前以及面對未來時真正需要被優化改進的地方。透過這份研究，許多需求之間的優先順序、輕重緩急得到了量體的佐證，也讓參與其中的企業開始了面對台灣社會高齡化趨勢的行動，展開各種創新與跨域合作。

創辦奧沃扛起新挑戰

跟著智榮基金會，林宛瑩面對各式各樣的群體，一路做到了研究經理。而現在的她則是奧沃市場趨勢研究（以下簡稱奧沃）的創辦人，並在公司被換股併購之後轉任執行長。這麼年輕就創辦一家公司，其實原本不在她的生涯規劃之中，而是伴隨著龍吟研論階段性任務結束而來的機會。當時主管與公司顧問給了她兩個選擇，一個是介紹她到其他類似的公司就職，另外一個則是延續智榮基金會的養分自己創立公司。她想了一陣子，就跟主管說：「好啊！不然就試試看好了！」

二〇一九年六月，奧沃正式成立，二十七歲的林宛瑩開始了公司負責人的冒險之旅。她回憶第一年是一段快速學習的過程，例如需要快速學會如何對應客戶的商業目的設計研究，如何快速理解不同產業來解讀資料，如何面對客戶內部多方團隊溝通成果，這些都是過去擔任研究員時不會去觸碰到的業務，但現在都成為肩上的擔子。

而在接下來的幾年裡，林宛瑩與奧沃的夥伴們除了要面對新冠肺炎疫情的衝擊，更要為這間新公司開拓客戶來源，讓他們看到質性研究所能帶來的商業價值。例如，《Vogue》雜誌就相中了奧沃團隊的年輕特質，一起合作「風格世代研究所：社群、生活態度大調查」，探討Z世代（一九九五－二〇〇四年出生）的時尚偏好；奧沃也與國內超商品牌合作，運用質性研究釐清當前與接下來數年的消費者到便利商店的消費期待與趨勢。目前，奧沃的主營業務發展出四大方向：「供需共創工作坊」、「深度訪談」、「消費生活資料庫」、「量化研究」，來更有效地對接企業客戶的需求。

面對不熟悉的領域或是課題，林宛瑩也需要運用各種資源重新學習，快速拉近自己和新場域的距離，才能提供最有效的研究服務。「我們的工作本來就會遇到很多品牌以及各類型消費者，有生活很辛苦的三明治媽媽（上有老、下有小的家庭主婦）、有百貨公司非常有錢的貴婦與VVIP、有退休的老人，我不可能擁有所有的經驗，都要想辦法去縮短社經地位的差距。」

奧沃團隊常使用的策略是針對研究對象做大量的網路資料搜集，建立起對於這個群體的基本認知。她以百貨公司與銀行業的頂級客戶為例：「我會去看他們所拍的YouTube影片，去體會他們為什麼會這樣講話、這樣花錢，去理解他們對於這樣消費的評價為何如此。這很像是舞台劇演員要做的『角色功課』。」藉著這樣的功課，林宛瑩得以獲得與受訪者「共情」的基礎，也進一步對於如何訪談有了更清晰的圖像。

與受訪者「共情」是質性訪談的經營重點

訪談前｜打好共情基礎

做角色功課
- 大量網路資料蒐集，建立對研究對象基本認知
- 揣摩受訪者心境，為訪談進行建構清晰圖像

訪談中｜共情的過程

提問要具體
- 引導受訪者能迅速連結自身經驗與想法來回答

訪員與受訪者同步
- 不斷進入受訪者的心境中，雙方感覺自在一致，讓對方願意侃侃而談

聊天氛圍下的質性訪談

林宛瑩運用質性研究發展創新的歷程之中，訪談是最重要的武器。在訪談的當下想要有效地經營對話，透過具體提問來引導是關鍵之一。她以「優化外送平台服務」的問題設計為例，如果訪員問：「你是怎麼看待外送服務的食品安全的？有哪些顧慮或不信任？」這樣的問法並不妥，因為「食品安全」概念太過抽象，以此直接詢問看法，受訪者難以在短時間內連結個人經驗與想法提出明確的見解，可能導致訪談結果難以提供具體事證作為優化的參考。

她建議應以「一般大眾」對於「食品安全」的要求事項，引導受訪者詳述具體內涵。例如將提問改成：「一般都認為食品安全就是餐廳乾淨整潔，食物不可以摻雜不潔的東西，那你對於外送的食安有哪些要求呢？」這時因為問題變得具體了，有助於受訪者回到自身經驗回答：「我自己很重視餐廳的工作人員是不是有戴手套和口罩、綁頭髮等這些衛生習慣。」

●優質訪談是「共情的過程」

至於一場優質訪談應有的樣子，林宛瑩覺得脫離不了「共情」：「訪談是一個和對方『共情』的過程。我會感覺到在開始訪談了一個小時之後，可以去想像在我丟出問題後對方的反應與可能的回答會是什麼。這也讓我核對在前一個小時的訪談中，我有沒有建立起對於受訪者足夠的認識？夠透徹的話，對方的邏輯、反應與感覺就會在我的預測之中。會說『共情』是因為在訪談之中感覺到我和你一樣了，雙方都覺得很自在，彼此的聲音與講話方式很類似。我們的呼吸同步了，也會讓對方和我聊完天後感覺是很舒服的。」

要達到「共情」，不是僅僅在訪談的當下，而是研究者本身在一個研究裡，可以透過前期準備、當下的應對等各種方式，讓自己能不斷進入受訪者的心境中，進而讓對方願意侃侃而談。

質性研究為商業創造價值：桂冠「好好說頓飯」案例

林宛瑩與奧沃為企業提供的質性研究服務中，桂冠的「好好說頓飯」是頗具代表性的案例，品牌邀請奧沃合作研究的最大目的是去了解餐桌與當代家庭之間的關係，以及冷凍食品可以在其中扮演的角色。以當代雙薪家庭的生活型態來說，許多爸媽下班後想到煮飯常常心有餘而力不足，此時冷凍的即食品就可以幫上忙，讓人們快速準備好美味的一餐，全家一起在餐桌上吃飯。而且隨著食品科技的提升，冷凍食品的營養保存也比以往有效很多。然而，要如何讓消費者更願意去採購，就得找出更多有需要的場景，並且發展針對性的產品。這時，奧沃的質性研究就展現出了價值。

為了更深入了解消費者會如何使用冷凍食品，奧沃採取了實驗性的研究策略：「我們每一輪深度觀察十八組家庭三個禮拜的餐桌狀況。由桂冠提供一箱產品到參與者的家裡，但不會要求參與者要做什麼料理，而是開放讓他們自由使用，看會變出變成什麼樣的菜色。可以想像是一個線上田野，我們和參與者保持聯絡，請他們傳每一餐的相片給我們看，也順帶分享他們家的餐桌發生了什麼事。」

林宛瑩與奧沃的研究員從收集到的餐桌相片切入，從受訪者口中挖掘出每一個家庭當中用餐的獨特場景，以及使用冷凍食品的專屬方式。這樣的實驗性研究策略在三年內搭配數個主題，一開始從三明治家庭的親子關係展開，延伸到未婚的成人子女與他們的老父母、經歷空巢期的熟齡夫婦，除了討論餐點與家庭的美味關係，還有關於健康管理的主題。

過程中，奧沃的研究員不只收集受訪對象提供的相片，也搭配訪談來挖掘他們在各個場景中真正的想法，並且運用這些研究中的發現，幫助桂冠看到自己的產品如何被消費者使用，進而發展出更貼近消費者需求的產品。「像是各類義大利麵醬、不同口味的沙拉醬，小朋友都很喜歡。有了這些產品上桌，小孩子的食慾大開，甚至吃下過去挑掉的食材，在餐桌的互動變順暢了。研究的成果變成消費者主動提出的餐桌上親子互動攻略，知道可以聰明地使用什麼、可以如何讓自己不太累又能讓家人反應很好。」

這樣直接面對消費者所獲得的用餐場景資料，為產品開發提供了最為直接的洞察與應用。這幾年桂冠許多熱賣商品的設計，從產品的使用形式、包裝印製的示意圖、口味的訂定等，背後都有消費者需求心聲的縮影，甚至官網上也列了一個選項叫做「生活場景」，比方說野餐露營、十分鐘速戰速決等，從這些分項下去歸類產品。這其實呼應了研究洞察：「我們在研究中重複地看到消費者不是用產品本身來分類，而是進入到每一個吃飯的場景裡，當中也有不同的組合與搭配。」

或許是受到人類學訓練中要求經營田野關係的影響，林宛瑩與奧沃在協助桂冠研究的過程裡，非常強調要讓品牌與顧客連結在一起，而不僅是單單訪談挖掘資料而已。「我們希望透過研究設計讓品牌跟顧客可以走在一起，不只是把他們的資料榨乾之後就沒關聯了。像是在『好好說頓飯』案例中，這群參與者一直和桂冠保持聯繫，成為社會實驗的種子家庭。」

奧沃也協助桂冠在每年研究期間的最後都舉辦一場交流座談會，讓品牌方和消費者可以直接對話。消費者會談談這三個禮拜下來對於桂冠產品的印象，或是他們心中的桂冠是什麼；桂冠的夥伴都會在現場，從品牌經營的立場給予直接的回應。

如同人類學家非常在意自己和報導人之間的關係經營，非常強調自己和報導人之間的關係越接近越好，甚至期待被對方群體認同為「自己人」，認為這樣才能挖掘出最真實的田野資料。奧沃在這裡的操作，其實就很像把品牌轉換成為人類學家的角色，陪伴著他們和受訪者們建立關係，讓桂冠能成為最懂餐桌上需求的觀察家。如同林宛瑩所說的：「我們創造了一種田野的情境，邀請品牌方的人進入消費者的生活。這對品牌方是一種跨越，因為在過去的研究，品牌代表是坐在單面鏡後默默觀察的。這些產品經理如果是帶著自己的產品去進入消費者生活，他再回

1

2

3

4

今日的林宛瑩是歷練完整的公司領導人，積極分享質性研究創造的價值。

1 參與台大創創中心會議。

2 台灣設計研究院授課。

3 國泰女力女麗講座。

4 樂樂活於花蓮瑞穗舉辦活動，與長輩互動。

奧沃帶領企業創新的方法論
結合了人類學與厚數據的應用

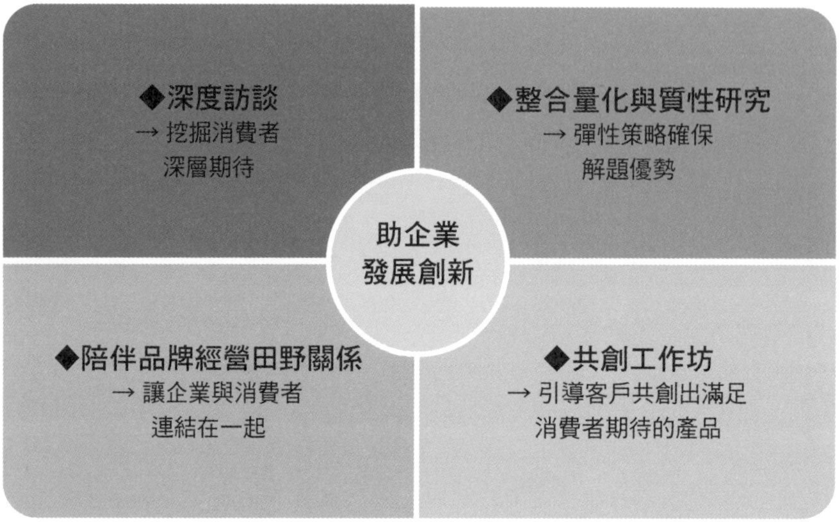
◆深度訪談
→ 挖掘消費者
深層期待
◆整合量化與質性研究
→ 彈性策略確保
解題優勢
助企業
發展創新
◆陪伴品牌經營田野關係
→ 讓企業與消費者
連結在一起
◆共創工作坊
→ 引導客戶共創出滿足
消費者期待的產品

去看自家產品的感覺會很不一樣。」

一路行來，今日的林宛瑩務實地拿捏為企業解題的方法論：「質性研究的優勢在企業的實境應用上，需要和其他方式與數據的配合，比方說再做數據的量化調查或是驗證，這是必然的。當創新要往下落實，企業還是要回歸到商業模式等去解決問題。」用深度訪談挖掘出消費者最深層的期待、在研究策略上保留彈性將量化與質性研究的優勢整合、找到最適合將客戶與消費者連結在一起的方法、運用共創工作坊帶著客戶共創出滿足消費者期待的產品，這些都成為林宛瑩與奧沃為企業掌握消費者需求與市場趨勢的重要法門。

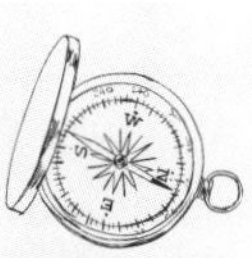

挖掘厚數據

將質性研究的洞察成果用於創新

林宛瑩從龍吟研論到奧沃的發展歷程正是一個最好的厚數據創新示範。其長期收集市場趨勢，並協助企業組織運用各種質性研究方法來更深入認識自己的客戶與消費者，進而找到創新的突破口，當中，有許多創新洞察是量化研究難以達到的。林宛瑩解釋：「質性研究最重要的價值是找到企業本身沒有預想到的事情，釐清目前仍模糊的概念。如果是做量化調查、量化研究，在設計問卷或是選項時，是用『已知』來設計研究，但很多創新的想法是源自於發現『原來有這樣的需要存在』。量化調查題目當中如果沒有給出可能性的話，有可能就不會出來這種結果。可以說質性研究是探索未知的重要研究方法。」

理清脈絡助益創新對焦

透過田野調查、深度訪談等質性研究方法來收集資料，能避免見樹不見林的窘境：「沒有脈絡的創新可能只是在解決單點的問題。但這時會發生消費者要A，我給你A，但他們未必買單。而A之所以沒有被買單，其實可能是因為它的樹枝是和B與C相連的，讓消費者在做決策時還在想其他的事情。質性研究可以把這些關聯在一起的脈絡理清楚，不會只找到單片的樹葉，而是還能看到樹枝與樹幹。質性研究也能幫我們找到沒有想過的那一片樹葉，雖然無法簡單地看到，但可能是很關鍵、很核心、等待被看見的那片樹葉。」

她強調質性研究可以找到資料背後的脈絡：「如果我手上有零散的行為或是很多數據，那麼這些數據要怎麼被串起來，其實跟人的心理機制、生活脈絡有很大關聯。質性研究可以把消費者怎麼想這些事情的前後脈絡串聯起來。有了第一方的串聯之後，我們再去解讀第二方、第三方的數據，就會知道它們背後的道理是什麼。」

鍛鍊你的人類學之眼

文化震驚
CULTURE SHOCK

人對於因為文化不同而遭遇到的行為差異感到吃驚或是不理解。人類學家相信文化震驚的價值在於揭露兩個文化系統與價值觀的不同。

原生觀點
NATIVE POINT OF VIEW

或稱為「土著觀點」，即強調從當地人的價值觀與角度詮釋所發生的事件或是所採取的行動。

以原生觀點，深入解讀不同的社會脈絡、文化現象

皮拉哈族（Pirahã people）生存的位置在巴西亞馬遜雨林，就在亞馬遜河中段的支流馬德拉河流域裡，這裡交通不便，一般人難以進入。跟其他已經跟文明世界有深刻接觸的巴西原住民相比，皮拉哈人的生活還是非常簡樸，主要依賴雨林裡的資源生活著。丹尼爾・艾佛列特（Daniel Everett）原本是來這裡宣揚福音的傳教士，後來成為研究皮拉哈族的語言人類學家，他記錄、研究皮拉哈族的語言，分析他們的語言文法結構，同時也做民族誌式的田野調查，記錄下皮拉哈人的生活。語言資料與民族誌資料相互對照，讓他對於皮拉哈人的文化與價值觀更加了解，其中「死亡」這件事更是讓他大為震驚。艾佛列特注意到在皮拉哈的口說故事裡，對於死亡往往態度冷漠，不主動出手幫忙，人們面對死亡也好像習以為常地冷淡，沒有太大的情緒。他自己也有一段親身經歷。他記錄到，有位名為波珂的少婦平安地生了一名女娃，在這之後艾佛列特一家便出外休假幾個月。等到一家回到村子後，發現波珂因為生病變得異常消瘦，虛弱到分泌不出乳汁，讓她的孩子也跟著變得孱弱。令艾佛列特訝異的是，其他也在哺乳的母

親沒有人伸出援手，只顧著自己的孩子。沒過幾天，波珂就過世了，只留下了她的孩子。

艾佛列特發現，同村的皮拉哈婦女對於這個新生命似乎沒有任何惻隱之心，不想承擔任何責任。於是，他和妻子決定擔負起責任，輪流照顧這個小生命，每四小時餵食一次，不分晝夜地陪在她的身旁。經過幾天的努力，他們發現孩子的健康有了起色，便決定在某天下午休息一下，把孩子託付給她的父親。沒想到，當他們回來，發現小女娃已經因為她的父親與其他皮拉哈人強灌卡夏沙酒而死亡。這親手結束一個小生命的行為讓艾佛列特崩潰，但他從女孩父親那兒得到的原因是「她很痛苦，她不想活了。」「他們為什麼要殺死這孩子？」艾佛列特問。

這個事件不僅讓艾佛列特震驚，也從中更加清楚皮拉哈人的價值觀。在皮拉哈人眼中，這孩子本來就活不了，他們的幫助只是延長了孩子的痛苦。皮拉哈人居住的地方沒有醫生或其他醫療資源，所以深知一個人如果不夠強悍，無法在嚴苛的環境中生存。他們也常目睹親友的死亡或是瀕死，因此多少能從他們的眼神與健康狀態做出推斷。在他們眼裡，這小孩無法撐下去，艾佛列特和他妻子所做的不過是在延長她的痛苦。因此，孩子的父親用酒精讓孩子安樂死，結束她的苦痛。人類學民族誌式田野調查方法的奠基者馬凌諾夫斯基曾說：「人類學家或民族學家的目標在於掌握『原生觀點』，他和生活的關係，用他的視角來理解他的世界。」我們習以為常的價值觀，換了一個社會脈絡，當地人的態度與作為就可能因為價值觀的差異而完全不同。生死亦然。從「原生觀點」來看，如何生存、死亡的價值，也都與在地的生活條件、社會文化累積下來的適應機制密切相關。

✔思・考・練・習・題

❶你是否曾經在旅行中感受文化的差異，如何從「原生觀點」來解釋眼前的現象呢？

❷面對因為「原生觀點」而來的文化差異，我們應該要堅持自己的價值觀？還是完全接受另外一套標準呢？

參考書目：

Daniel Everett, *Don't Sleep, There Are Snakes : Life and Language in the Amazonian jungle.* New York: Pantheon Books, 2008.（中文譯本：《別睡，這裡有蛇！一個語言學家在亞馬遜叢林》，黃珮玲譯。台北：大家出版，2011）

第五章

張安定：青年志，橋接青年與商業

張安定聯合創立的「青年志」公司，專注於中國青年研究。他們從文化的角度出發，運用人類學的方法進入青年人的「田野」，得到全貌觀式的理解，進而解碼現象背後的意義，將研究洞察轉為商業策略服務，幫助企業深度理解青年市場，兼具社會與商業雙重影響力。

北京的胡同巷弄中，一間名為「青公館」的屋裡，正在進行論壇。台下的年輕人聽著台上一位手上刺青、頭上戴著紳士帽的長髮男子講述他對於中國九〇後青年的分析，想要從他的演講內容，對於自己所身處的時代與同世代的人有更深的理解，還等著聽他說「年輕就是要說『去你媽的！』」。

如果不說，你或許會想像這名男子是一位搖滾樂手，事實上他也曾經是，而且現在還是一位聲音藝術家，在閒暇時參加展覽和演出。

但如果說了，你會非常訝異，他創立的「青年志」（China Youthology）公司，正在用人類學的方法提供商業策略服務，曾與耐吉、可口可樂、百事可樂、雀巢、雪弗龍汽車等國際品牌合作，年營業額已超過一千五百萬人民幣，而且還在穩定增長。

他是張安定，「青年志」的創辦人之一及首席策略長。對他來說，要當一名人類學家，學術界絕對不是唯一的選擇，他率領這間公司跨越學術與非學術的界線、打破社群的藩籬，唯一堅持的，就是他對於中國青年的熱情。

「青年志」，定性研究中國青年的變化

張安定創立「青年志」的故事要從二〇〇八年開始說起。那時張安定離開了《21世紀經濟報導》，又結束了在北京一家科技創業公司的工作，他和太太Lisa及其他三位朋友都共同注意到「變化」是當代中國的代名詞，更意識到一九八〇年以後出生的青年人正逐漸成為消費的主力，但中國市場卻還沒有真正地認識這一群人。

他們也看到，這個「八〇後」世代因為「網路」（中國稱「互聯網」）的關係，改變了世界觀以及面對世界的方式，資訊的爆炸讓年輕人的世界變得寬大，有更多的選擇，但也變得更加徬徨，每個人都在找尋自己的認同。

「全球資本主義市場最近十年有非常大的變化，中國本身就處在一個大變化的階段，再加上全球性的科技與經濟的變化，所以在中國你基本上每一年都在看變化。對於社會學上一些經典的問題，像是家庭、工作場域、社會階

百工裡的人類學家

張安定：「人類學就是我和世界相處的一種方式。這個方式就是挺有同理心地去好奇、去理解不同的現象，然後你也會對於你的發現非常驚喜，你還很願意分享這些新發現給不同的人。我覺得這不就是人類學家嗎？」

- 「青年志」公司聯合創辦人和首席策略長，專攻中國青年文化研究，為企業提供諮詢服務
- 以Zafka之名活躍於聲音藝術、實驗音樂與搖滾樂
- 曾任社經媒體編輯、虛擬平台研究總監
- 英國倫敦大學亞非學院政治社會學碩士
- http://www.chinayouthology.com/

級等，你會發現很多現象每一年都在改變。至於『文化』的變化就更明顯了！尤其是青年文化的變化更快，從消費文化、次文化到大眾文化，變化得特別快。」於是張安定決定成立一家市場調查公司，好好研究這批年輕人，也滿足自己對青年文化持續的熱愛和好奇。

回歸社會文化脈絡，「解碼」現象

覬覦青年消費者市場的企業，都曾經尋找市場調查公司來研究，但是這些以「心理學」或是「社會統計」為主要方法論的研究調查，對企業來講卻不見得有用。在張安定看來，這樣的市場調查往往只能看得到消費者的「需求狀態」，任何產品分析後都會得到同樣的研究結果，把消費者分類為「時尚追逐型」、「CP值追逐型」或是「社會地位追逐型」，但這些分類並不能真正理解或涵蓋年輕人的心理需求。看到傳統研究方法的侷限，張安定和「青年志」的團隊反過來強調「文化」之於理解消費者的重要性：

「因為從文化的角度來說，這些心理需求是一個結果，而不是動機。舉個例子，很多品牌的定位都說要占據消費者對於樂趣的想法，不管是一包餅乾還是一包狗食，都要有樂（fun），但這樣研究就變得很抽象且無效。更重要的是，在當前的社會與文化背景下，這個樂趣是什麼意思？你要去『解碼』（decode）它，你要去詮釋它，更重要的是你要回到現在的社會文化脈絡裡面去找答案。」

對張安定來說，要做這樣的解碼工作，只有像人類學家一樣把「青年」當成自己的研究對象，並且真正進入青年「人」的世界裡面去，才有辦法得到一個「全貌觀」式的理解，也才能進一步地找到消費背後的動機或是品牌所遭遇的問題，在商業上幫助企業解決不理解青年市場的難處。

在與企業的合作上，一家美國汽車公司欲了解中國二十五至四十歲的年輕目標消費者，青年志為此進行了案頭研究、媒體分析、專家訪問和人類學訪問，在汽車品類市場中，識別出「進取」和「高檔」的意義藍海，為客戶提

1

2

3

4

1 青年志團隊。
2 青年志創辦人張安定與Lisa夫婦。
3 青年志定期發表趨勢報告，掌握最新的青年文化脈動。
4 聯合不同青年文化社群一起舉辦的「蘑菇青年趴」，是青年志的常態活動之一，玩出派對新花樣。

供了中國「新中產階級」身分認同焦慮和嚮往的洞察——年輕的中產階級大部分是新崛起的專業知識分子群體，不認同通過賄賂或者不公平的商業機會實現一夜暴富；儘管他們會購買入門級的奧迪和寶馬汽車，但並不認為這些車體現了自己的身分識別：「我覺得只有政府官員才會開奧迪，只有暴發戶才買寶馬。我買寶馬車是因為我信任它的質量，但我不想被別人當做一個『開寶馬的』。」而這種焦慮尚未被有效的滿足，對客戶的新汽車產品定位而言，是一個巨大的機會。

幾年過去了，現在的「青年志」公司規模愈來愈大，業務也愈來愈多元，但他們始終沒有忘記，自己要像人類學家一樣地去認識中國青年，要成為中國青年與商業之間的橋梁。

與人類學相遇在農村

說起青年志跟人類學的緣分，要從張安定的求學時代講起。「我在研究生時，就閱讀文化人類學家克利佛德·紀爾茲和其他一些經典的人類學書籍，並開始做了非常多的田野，我的田野混著社會學與人類學的方式去做。」

張安定老家在湖南益陽縣，大學時來到上海復旦大學唸「公共行政管理」，他笑說那時其實並沒有唸什麼書，特別喜歡玩搖滾樂，到了研究生時期才開始真正找到自己的興趣是在「社會理論」與「人類學」上，和同學組了「社會理論與人類學讀書會」，一起讀相關的翻譯書。因為接觸到了人類學，碩士論文以中國農村政治中的「依附體系」為議題，像人類學家一樣帶著同學們去農村裡跑田野，跟村裡的幹部做訪談。

「我在研究生期間做的課題是中國的鄉村政治，切入角度是現代國家如何治理社會，如何透過土地的政治管理系統去完成，所以那時做了非常多的田野。連續兩年的寒暑假，我組織小團隊到我的家鄉安徽去做農村政治的田野研究，我們到農戶家裡，跟鄉鎮幹部喝酒、聊天，在那邊做觀察。這是我比較早期跟人類學相關的一段。」

用人類學方法提供商業服務

在英國唸完「發展政治學」碩士後，張安定不想再繼續升學，就和太太Lisa一起回到中國工作。Lisa畢業於復旦大學主修管理科學，在倫敦政經學院留學時讀的是「組織和社會心理學」，回國後在國際市場研究公司擔任高階研究經理。令人訝異的是，一對沒有太多直接人類學學院經驗的夫妻，卻一同走上標榜以人類學方法來做市場調查的創業之路。

在張安定看來，雖然自己不是人類學科班畢業，但是他和青年志團隊能掌握到人類學的核心精神，並且用在市場調查之上：

「對我們來說，最重要的是抓住人類學最核心的心態

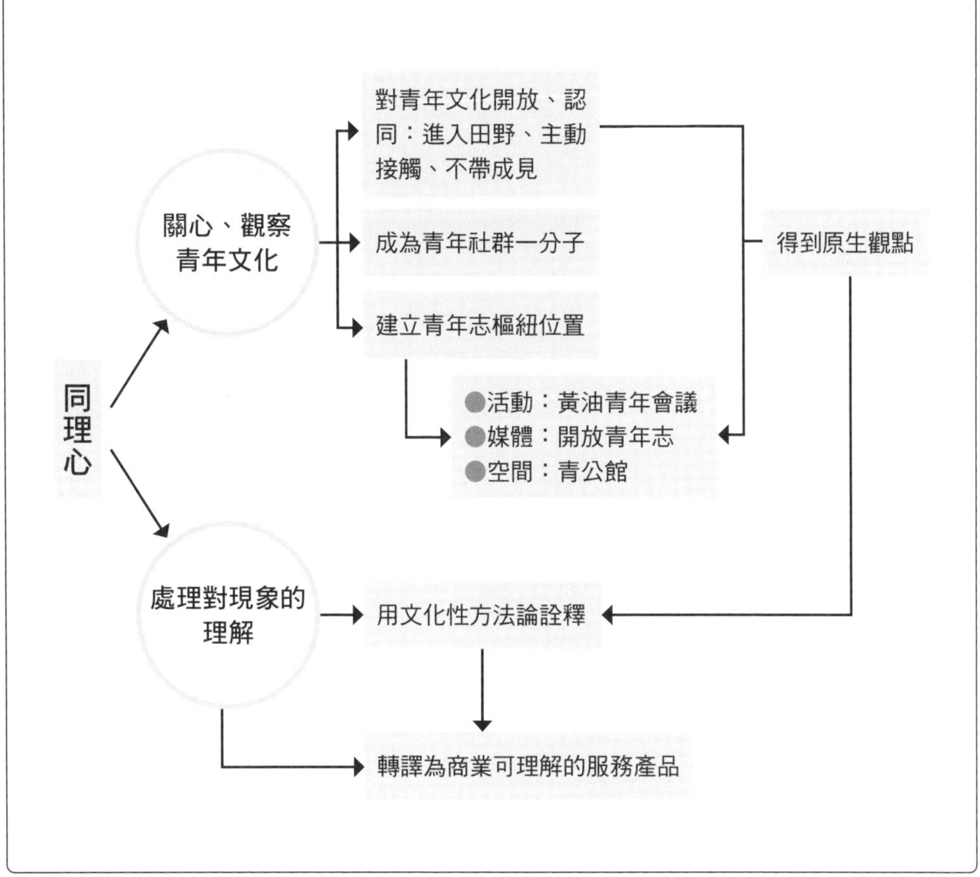

青年志將人類學核心心態，運用在市場調查

（mindset）：你的同理心（empathy），你如何去關心、觀察你身邊的文化？如何擁有這個同理心，去處理你對於現象的理解？這是我們最核心的能力。還有我們很強調文化性的方法論，你要去熟悉這些文化，要去翻譯、解碼、詮釋他們。」

青年喜歡的東西不管是刺青、滑板、樂團，還是出國旅遊，背後都有屬於這個世代年輕人的意義，讓自己用同理心站在青年的立場上解碼與思考，才能知道這些現象背後的意義。

張安定強調，研究者自己必須先對「青年」開放，各種屬於年輕人的流行文化、次文化與消費文化都應該主動去接觸，而不是帶著先入為主的觀念來看待這一世代的中國青年——就像是人類學家進入田野的過程一樣，不帶任何成見，要以得到「原生觀點」為目標。

「對青年開放、去承認與認同青年文化，你才能變成社群；如果你不去認同，你的研究就無法與青年人產生連結。我們把空間開放出來給他們用，辦很多活動，同時也開始形成自己的青年媒體。」張安定說。

胡同裡的沙發人類學

「青公館」是一個專為青年建立的空間，也像是一個人類學家的田野工作站。二〇一二年時，兩位青年志的研究員，發現在青公館附近的胡同裡有很多沙發閒置在巷弄裡，附近居民常坐在上面聊天，成為非常有特色的景象。他們發起了一個「胡同裡的沙發人類學」計畫，記錄每張沙發以及胡同裡的人，把得到的故事與訪問都上傳到網路上，讓大家知道這個北京的小角落裡，每張沙發上、每個人都有屬於自己的故事。

北京胡同裡俯拾皆是人的故事。

在實際的研究策略上，他們也清楚自己不是學院裡的人類學家，傳統人類學長期待在一個地方做調查的方法，並不適用於公司的業務需求。他們主動創造空間，刻意避開商業辦公區，把團隊和辦公室設置在北京和上海青年文化集中的街區，隱藏在胡同裡和屋頂上，稱之為「青公館」——年輕人在這裡可以自由展現自己並與各種文化相遇，激發各種可能性。

比方說，為了讓年輕人看到夢想、勇敢追夢，「青公館」從二〇〇九年開始舉辦「黃油青年會議」。黃油就是台灣人所說的「奶油」，他們希望年輕人在這裡分享夢想的過程，就像是黃油一樣塗抹在麵包上，滋養每個人實踐夢想的心靈。不論你是策展人、導遊、搖滾樂手、麵包師傅、運動員，都能站上台來講自己的故事，分享自己逐夢的經過。

三核心方法，挖掘全貌觀的厚數據

要經營一家以研究青年為目標的公司，張安定點出要有兩個重要的認同，才能成為青年志的一員。

「第一個是青年認同：就是你總得有好奇心啊，總得對世界感興趣，覺得我一定可以、沒有不行的！總得有點勁兒！還有一個是研究認同：你真的認同你最大的價值、你和這世界是透過『研究』去相處的。」

正因為認同青年，所以要研究青年，也因為研究青年、對青年有更多的認識與了解，才更加清楚到底什麼是「青年文化」。從青年志的英文Youthology也能看出端倪，張安定要讓「青年研究」成為一門學問，讓自己的團隊在這過程之中找到堅實的立足點。

「青年志在做研究時有三個核心。第一個核心是『社會與文化視野』，我們不特別說這是人類學，而是社會與文化的視野。人類學是文化的一個研究方法，你也可以用行銷研究中的消費者文化理論。我們強調的是這個態度。」

「第二個核心就是『創意協作』（creative collaboration）。過去人類學家進入一個部落，總覺得部落是封閉的、被動的，需要保持低調、慢慢跟他們成為朋友，這是長期下來人類學進入一個社會的一種假設。但在互聯網時代，今天的社群與文化，尤其是青年社群，是相對開放的，所以我們要找出更多和年輕人一起創意協作的方法，這樣的話，我們的研究也會有社會性、開放性與協作性。」

這個創意協作的方式，就是和青年們一起舉辦各種「協同共創工作坊」（co-creation workshop），讓他們成為青年志和企業合作過程中的一部分。

「第三個核心就是『社群的連結』（community connection），運用『開放青年志』、『青公館』的平台去連結與建立我們自己的樞紐位置（hub），不管是線上還是線下，直接生活和連結在青年文化生態之中，為這個生態做貢獻，很自然地也能得到社群的回饋。我們用這三個核心去支持研究，我們的研究因此是非常文化性、開放性與社會性的狀態。」

為此，張安定特別打造了一個屬於青年的媒體「開放青年志」（Open Youthology），即時線上分享研究調查所發現的青年文化趨勢。「青年志」成立之初，就開始發表《中國青年趨勢》，點出「新公民、新國人、新極客、新娛樂與新生活」五個趨勢；至今，青年志固定每個月、每個季度提出文化趨勢報告，每月發表從社群媒體與田野調查整理出來的「青年文化趨勢指標」，以掌握最新的青年文化脈動，為青年發聲。

扎實的研究以及對於青年文化的敏感度，讓「青年志」得以挖掘厚數據，展現全貌觀式的研究能量！

挖掘厚數據，打效率組織戰

「青年志」要在真實的商業競爭環境中存活，自然得有一套作戰方式。這個競爭環境不單是指他們要與其他的市場調查公司比較，還需要考量到接企業的案子不像是學院人類學研究可以慢慢來或是單打獨鬥，青年志需要組成有效率的團隊，來完成研究案。

青年志的每一個研究案包括三到四個人，分別是：

- 民族誌師（ethnologists），直接下田野面對調查對象；
- 通用研究員（general researcher），在公司內部負責協助支持研究；
- 專案經理（project manager），負責和企業對接與策劃研究案；
- 策略師（strategist），將洞見轉譯為企業可用的創意提案。

這些人怎麼合作呢？張安定舉例說明：「去年我們接了可口可樂『二次元文化』的專案，研究動畫、漫畫、遊戲、虛擬世界的文化。我們的民族誌師本身特別了解

三個研究方法、四種角色分工，挖掘厚數據，協助企業解決商業問題

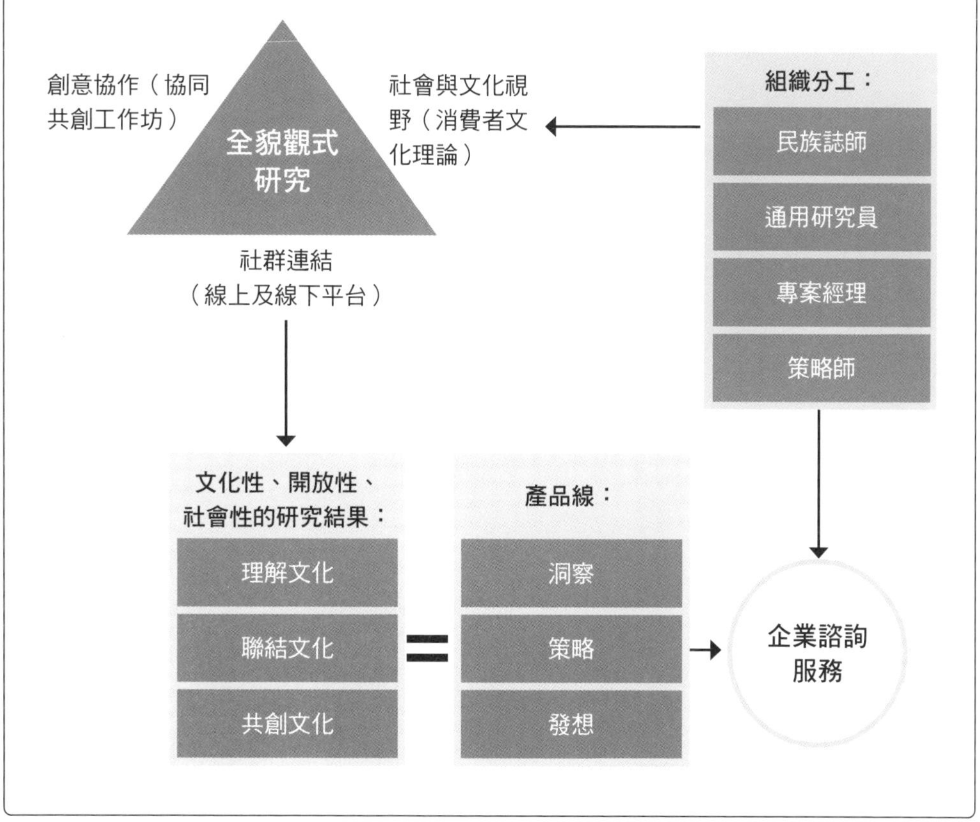

這個文化，跟各個社群連結非常好，可以直接做田野。比較之下，我不是最熟悉這個文化，但我是這個計畫的策略師。首先我跟專案經理一起去和客戶界定商業目標與挑戰，然後轉換成為聚焦的研究目標，並且以針對性的學術架構確保研究的高效率。團隊做完調查後，我必須確保，研究獲得的重要洞察（insights）都可以被轉譯為商業問題的答案。」

張安定特別強調了當中「策略師」的位置，這其實是因為業務需要不斷被強化的角色，從中也能看到張安定要讓「文化」研究的成果，有更清楚的戰略位置。

「對商業來說，好的研究是什麼？從來都是『能更好的回答商業問題』的研究才叫好的研究。因為關於青年、關於任何一個文化議題，你有無數答案可以呈現，所以策略師在這當中非常重要——如何去判斷怎麼做研究？要呈現哪個角度？要如何解決商業問題？這些都是策略師要思考的。」

團隊成員也因為這份工作，對生命與生活有了不同的想法：

「所有人都覺得，透過人類學做社會田野的方法，不管是商業或是非商業項目，最大收益是因為你在反觀身邊同年齡的人和這個世界，所以你對自己的人生有了更深刻的理解和判斷。這個是人類學給人最好的收穫，你可以解碼身邊的事、人的想法、意識形態和行為，你獲得了一個同理心或是旁觀者的角色，你去理解自己、他人和世界，然後反過來幫助你在這個混亂的世界裡面去建立你自己的生命認同（life identity），這多好啊！」

青年研究好生意：洞察、策略、發想

奠基在研究青年的專業，並跟著市場過去幾年的變化調整，青年志目前發展出的產品線有洞察、策略和發想三個部分。張安定解釋：

「青年志的產品線有這三塊：洞察—策略—發想（insights-strategy-ideation），也就是從理解文化

1

2

3

4

1 「黃油青年會議 」邀請百工跟年輕人分享逐夢故事。

2-4 張安定認為像人類學家一樣地去認識青年就能一直青春。

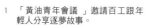

（understanding）、聯結文化（connecting）到共創文化（co-creating）的完整流程。這三塊可以簡單理解成：『洞察』是幫客戶去理解文化來獲得洞見；『策略』是協助品牌與產品找到最有效的路徑來聯結到文化；『發想』是跟客戶和消費者一起共同創造文化，一起創造出某種東西真正進入到文化生活裡面。」具體來說：

- **「洞見」**其實就像是直接的人類學產品，當企業需要理解某個文化現象背後的意義，他們就能提供洞見協助企業認識市場的變化。例如協助騰訊理解粉絲文化，或是幫忙企業熟悉現在中國愈來愈流行的派對文化。
- **「策略」**產品則集中在解決商業挑戰。在研究的基礎上，幫助合作的企業找到品牌定位，訂定行銷策略、溝通策略、產品創新策略。
- **「發想」**是青年志的第三類產品，主要協助企業找到創新的切入點，在研究的基礎上，透過執行設計思考，針對消費者真正未被滿足的需求發展創意，進而可能產生出超越競爭者的「破壞式創新」。

在張安定看起來，這三項提供給企業的服務其實都不能切割，甚至也反映出青年志真正要做的不僅是市場調查而已，而是協助企業發展出適切的「文化戰略」，而且這類策略案的比例也在公司業務項目中愈來愈高。張安定舉了和中國廚具品牌「蘇泊爾」的合作案為例子。

企業要創新，先問對文化性問題

蘇泊爾是全球第二、中國最大的廚具生產品牌，正在發展智能廚具的創新，儘管這家企業有自己專門的創新中心與產品團隊，但發現內部所用的創新方法發揮不了作用，不管怎麼跟消費者接觸、問消費者問題，最後發現創新的區間愈來愈小。蘇泊爾也去觀察消費者做飯這種事情，反覆地去問「你們的『痛點』是什麼？」、「你們的『未滿足需求』是什麼？」但發現圍繞這些問題與功能面向能夠產出的創新愈來愈少、愈來愈重複，而且很容易被競爭對手複製。在這樣的挑戰下，他們找到了青年志。

在做完對蘇泊爾的初步理解之後，張安定不把問題鎖定在「廚具」上，而是想要協助這家企業去理解當代中國青年「做飯」的文化樣貌與正在發生的變化。

「其實更重要的是你要理解現在『做飯』的文化變化，你不理解『吃飯』、『做飯』這個文化的變化，你就不能理解你的廚具和服務在整個做飯、吃飯的文化裡可以派上什麼用處？」

那麼，青年志的研究團隊在做完田野調查之後看到了什麼呢？

「在中國，『回家吃飯』成為一個新的浪潮，是一個文化趨勢。那我們怎麼理解回家吃飯這件事情？是從『食物不安全』的角度嗎？還是從他跟家庭的連結這個角度？那『家』又在他的整個生活型態中有什麼樣的一個角色？家是讓他『坐下來』吃飯的地方嗎？吃飯本身的意義有變化嗎？這裡面真正的緊張（tension）是什麼？」

最後專案團隊和客戶一起開工作坊，邀請有創意的青年消費者，基於文化面向的緊張點，讓他們一起設計解決方案，共同去形成創新的概念。

許多人類學家才會問的文化性問題，在張安定看來不僅有學術上的意義，更指引了企業在創新策略上的方向。善用這種「人類學思考」，不只幫助青年志本身推動青年研究，還能幫助企業在當代中國青年的消費地圖中找到更加清晰的定位。張安定分析，因為整個中國甚至是全球的商業確實已經進入了一個文化驅動的時代，雖然科技引導著時代的發展，但科技也需要在正確的文化脈絡裡才能變成有創新性，未來可能還有十多年的時間，也都會是文化發揮力量的時代。而面對這樣的時代，能問對「文化性」的問題，才能訂定有效的文化策略。

當個「日常人類學家」去看世界

跟著自己的興趣走，將自己對於青春的想像以及對於人類學的愛好結合在工作之中，張安定希望「青年志」本身的存在，能對中國的年輕一代有一個示範作用，成為一個具有啟發性的品牌。

「我們團隊的願景包括啟發中國的年輕人，激發他們尋找自己的可能性，不然我的研究就沒有什麼社會影響力，除了商業影響力之外就沒有什麼價值了。」張安定說。

很多年輕人在參與過「青年志」的活動後，都看到張安定與他的夥伴們跟自己年紀差距不大，但能堅持做自己喜歡的事，同時還能讓自己在商業世界存活下來，並且又有社會影響力，非常受到感動。

現在，張安定自己已經成為父親，更青春的「九〇後」也正逐漸成為中國消費市場上的新興主力，那麼該怎麼面對這樣一個離自己年紀愈來愈遠的市場呢？又該怎麼經營「青年志」的品牌，維持研究青年的戰力？

張安定認為這還是要回到人類學家的角色。因為人類學的研究強調「比較觀點」，當自己的團隊已經站穩了對於「八〇後」的理解，更能在對照之下，看到這批新一代年輕人的流行偏好與行為方式，也更能掌握到流行現象背後的意義。更重要的還是必須認知到對青年開放的重要性，不要去否定更年輕的這一代人所帶來的新想法、新行為，用熱情和最前端的一群站在一起，要像一個人類學家一樣去認識不斷在變化的世界。

「人類學就是我和世界相處的一種方式。這個方式就是挺有同理心地去好奇、去理解不同的現象，然後你也會對於你的發現非常驚喜，你還很願意分享這些新發現給不同的人。我覺得這不就是人類學家嗎？所以我們也在講，應該去做『日常人類學家』，每一天、每一刻都有太多新鮮事等待你去觀察、去挖掘。我還是特別喜歡紀爾茲說的『意義之網』（web of meaning），只有你每天不停地去觀察、不停地去解碼、不停地去分享，你才會看得到世界的變化，看得到自己的變化和可能！這就是你和世界相處的方式！」

可以這麼說，張安定將「人類學」與「青春」劃上了等號，因為青春，所以充滿了對於世界的好奇心，更有無限的可能性。而張安定對於人類學的熱愛，讓他永保年輕，讓我們看到，人類學就是青春的代名詞。

挖掘厚數據

商業、管理與人類學

商業與管理都需要處理到人的面向，人的偏好與習慣決定了市場大小，管理也直接形成了企業的組織文化，這些與人類學家們所關心的文化議題有密切關係，人類學的研究方法也可以對企業的經營有所助益。

以文化能力切入組織管理

在直接的組織管理上，如同知名商業人類學家田廣（Robert Tian）在商業人類學部落格「Business Anthropology, Anthropology of Business, Business Ethnography, Corporate Anthropology」上所提到，管理原則決定了人的行為，形塑了一個組織的文化。所以人類學者往往能在組織中察覺到一個組織的真實運作狀況，提供管理者更直接的組織管理建議。另外，隨著公司逐漸發展成為「國際企業」，管理階層開始面對人力資源的多方來源，更需要有文化能力（cultural competence）來處理母公司文化與當地文化之間的互動與適應。

近年來，人類學家所推動的「全球在地化」（globalization）概念，也被管理學界所引用，強調跨國公司在發展全球事業的同時，更應該要注意到在地的文化與社會原則，才能使管理更加有效。

藉田野調查促成研發突破

在跨國企業的市場拓展與產品研發上，更容易看到人類學方法的效益。商業策略顧問詹恩．奇普切斯運用人類學方法，協助諾基亞電信到非洲、中國等地去探索當地的電信消費習慣，並且依此來提供商品設計的建議，相關的經驗與方法可見其著作《觀察的力量》一書。

ReD聯合顧問公司強調運用人類學家的方法來幫助他們的客戶，在《大賣場裡的人類學家》一書中，可以看到這家公司如何運用田野調查的方式協助樂高積木更加理解兒童世界裡「玩」的意義，也用同樣的策略幫助三星重新發現「電視」在現代人家中的裝飾性功能，進而推動了新款電視的設計。

鍛鍊你的人類學之眼

通過儀式
RITE OF PASSAGE
標示著從某個社會地位轉換到另外一個，或從某個生命階段轉變到另一個階段的儀式。

中介
LIMINALITY
處在兩個社會角色轉換過程之中的模糊階段。

導入消費者服務流程的儀式，可見於原始部族的成年禮

在《象徵的森林》這本民族誌中，恩丹布人穆喬納描述了當地的割禮「穆坎達」的進行過程：

「在拂曉時分，我們把圖迪烏（當地食物）放進所得恩芬達籃子裡，我們帶著恩芬達。

當太陽露出頭來，這些新入會者已經吃完了他們的食物。他們挑選一個穆坎達地點，帶著鼓、恩芬達籃子和勒瓦盧籃子。當他們挑選好（一個地點），他們就開始（為新入會者）做準備，他們放下所有的恩芬達籃子，兩個或一個，或三個或四個，將它們放進勒瓦盧籃子裡，固定在勒瓦盧籃子裡的箭上。他們把恩芬達和勒瓦盧往後拖。

剩下那些要施行割禮的人，會去尋找適合他們拖向的地方，並且到達穆坎達。他們說：『這個地方適合，是人們來到的地方。』這個地方就是死亡的處所，這裡有穆迪樹。……『把孩子們帶過來吧，卡姆班吉是第一個要被殺的，在死亡之地，然後是姆萬塔瓦穆坎達，然後是卡瑟蘭坦達。』接著，他們割除了所有的孩子（的包皮）。」

人類社會有很多儀式，其中代表著人生各個階段過渡的「通過儀式」非常普遍。社會學家阿諾德·范·葛內普（Arnold van Gennep）指出，這樣的通過儀式有清楚的三個段落：「分隔脫離」、「隔離邊緣」與「回歸整合」三

個階段。而人類學家維克多・特納（Victor Turner）特別注意到了在這樣的過程中，人所處的「中介狀態」的特性。特納在一九五〇至一九五四年之間來到恩丹布族作民族誌田野調查，在尼亞盧哈納村記錄了一個成長儀式：割禮，村子裡的年輕男子都必須通過這個儀式，之後，男孩才算成為男人，可以進入成年男人會社裡的種種活動，不管是儀式性的還是經濟性的。

這個割禮儀式雖然本身只有三天，但幾乎動員了整個尼亞盧哈納村的人，不管是準備要接受割禮的男孩、男孩的家人們，還是儀式的執行者們。在這個時期，每個人都異常緊張，深怕一不小心觸犯了禁忌。

除了三天的割禮，男孩們其實還有兩個月的隔離期。在這段時間，他們不能住在原本的屋子，需要到村子外圍的隔離小屋。同時，女性與以前的入會新人都不可以進入這塊地方，觸犯了禁忌，會得痲瘋病與種種不幸。

特納指出，在這樣一個成年禮中（或是在任何的中介儀式當中），那些恩丹布男子被隔離，被安置在不被人看見的黑暗之中，失去了可以識別他們社會屬性或是階級的符號。從社會結構的角度來看，正在通過這個成年禮的男子正是無法識別的一群人，處在一個模稜兩可、無可名狀的階段，他們既非孩子，又還不是真正被社會認可的成人。在這樣一個模糊的階段裡，許多象徵的力量，也就是物件、動作，跟著進入到正在經歷儀式的人身上，協助他們轉換自己的社會身分，也被社會認可他們身分上的轉換。

✔思・考・練・習・題

❶我們日常生活之中有沒有哪些活動屬於「通過儀式」？在這些儀式的前後，參加者的社會角色有了什麼樣的變化？

❷承上題，在這些「通過儀式」之中，當參加者經歷過「中介性」的階段，有哪些特殊行為或是物件帶領他們完成社會角色的轉變？

參考書目：

Victor Turner

The Forest of Symbols: Aspects of Ndembu Ritual. Ithaca, New York: Cornell University, 1967.

The Ritual Process: Structure and Anti-Structure. New York: Aldine de Gruyter, 1969.

第六章

林承毅：參與式觀察，創新服務設計

在服務設計產業，擅長田野調查的人類學家猶如偵探福爾摩斯，透過消費者訪談和行為觀察，找出脈絡，通盤檢驗，往往能從不經意的線索發現新的洞見，提升服務價值。人類學的訓練與人文素養，是為顧問產業加分的核心能力。

「仔細看！這很有趣，這是日本時期的分駐所建築，現在換了一個用途⋯⋯」

如果林承毅不開口，你會以為他是不折不扣的日本人，因為可以在他身上看到豐富的日本細節，像是設計過的燙捲長頭髮、潮T，認真配色過的獵裝外套與休閒鞋，活脫脫像是從日本男性時裝雜誌走出來的型男。但一跟他聊起來，就會發現在潮炫的外表之下，其實充滿了敏銳的觀察能力，對台灣史地有豐厚的素養，更有對人類學滿滿的熱情。

目前，林承毅在自己開立的服務設計工作室接案工作，在這之前，他在中國生產力中心擔任服務設計顧問，協助和經濟部合作的民間廠商，用人類學的方法研究消費者，幫助廠商研發商品並發展出更好的服務。

田野啟蒙：追蹤廟會儀式

「有趣」，是和他訪談時最常聽到的詞彙，他對這世界擁有無止盡的好奇心，總是在生活周遭找尋有趣的事物，讓人想起史帝夫·賈伯斯那句名言：「Stay Hungry, Stay Foolish.」

林承毅的人類學學習歷程或許一點也不正統，卻充滿了熱血追尋的故事。他在大學時期唸的是逢甲大學統計學系，雖然人在商學院，卻一點也克制不了他對台灣民俗的好奇心。最早開始跑田野是大學三年級的時候，趁著下課去參加鹿港地區三家王爺廟宇的「暗訪」，看著神明與陣頭在夜裡穿梭鄰里巷弄，護祐鄉民。

「鹿港的暗訪其實很少有外人來參加，一開始我就是默默在旁邊，去了多次以後，開始認識一些廟方與陣頭的人，他們邀請我一起參加之後的活動。後來有很長一段時間會接到邀約電話，我安排好自己的時間，實際進到他們的場域裡去，和他們一起完成所有活動。」

「追著廟會跑」占據了他大三、大四很多時間。隨著對廟會的認識越深，他也

百工裡的人類學家

林承毅：「人類學家具有『觀察力』上的優勢，因為有田野調查與民族誌理論訓練的緣故，他往往可以從一些別人看不到的軌跡裡面，發現到新的創新點。這是人類學家最有價值的地方。」

- 林事務所創辦人、服務設計師、創生塾塾長
- 長期於顧問產業擔任人類學家暨創新服務顧問，兼任大學講師，長年投入「設計思考」、「體驗創新」、「社會創新」、「地方創生」等領域之教學研究、論述倡議與顧問實踐等工作
- 著有《未來的設計創造》、《二地居》（與謝其濬合著），相關專欄文章散見各平面與電子媒體
- 英國史德林大學MBA、台北大學民俗藝術與文化資產所碩士
- 林事務所Medium：https://medium.com/@takeshi_78312
- 林事務所臉書粉專：https://www.facebook.com/hayashioffice

逐漸對「台灣學」與「台灣史」產生更為濃厚的興趣，從中認識「廟」在台灣庶民文化的定位。林承毅說，在台灣傳統廟會中，保留了過去的庶民記憶與重要的文化傳承，他在廟埕裡看到台灣歷史的演進，也在廟會中看到最生猛的文化活力。

到後來林承毅才意識到，人類學家就是用這種方式來進行研究，他也深深感受到進出田野現場的過程中「身分轉換」的魅力：「這是人類學最有趣的地方——你會從一個圈外人（outsider）變成圈內人（insider）。」

人類學家的五感體驗

畢業後，因為對漢人民俗儀式的興趣，林承毅進入了台北大學民俗藝術研究所。

「我原本是商學院的背景，進到民俗藝術研究所，就像劉姥姥進大觀園！」所上的課程內容非常廣泛，舉凡戲劇、工藝、舞蹈、信仰、文化與庶民史等都包含其中。林承毅積極參加那時期全台灣各地與民俗相關的研討會，到處去吸收最新的研究成果，此外，他也幾乎跑遍了台北地區大大小小所有廟會。

直到研究所二年級上了林美容老師的「文化人類學」，林承毅才算是真正開始了人類學的學術學習，大量閱讀人類學民族誌與相關理論。而因為自己對於「儀式」的興趣，在學術的閱讀上偏好宗教人類學或是儀式相關研究。

林承毅為了撰寫碩士論文《澎湖宮廟小法操營結戒儀式之研究》，在澎湖生活了一年，還在指導教授吳永猛的引薦下跟著拜師學習做「小法師」，擁有一個「道士」的祕密身分。「小法師」是道教傳入澎湖之後發展出來的在地支派，為澎湖地區宗教信仰的特色，是目前台灣道教研究的重點之一。

那一段離島生活的日子，他除了要適應當地環境，也跟著法師們一起學習樂器、儀式等，這些都讓他對於台灣民俗的認識有了深刻的體認：「澎湖的田野經驗讓我學習非常多，被丟到一個陌生的異地，讓你把五感全都打開，透過與當地人的互動，接下來去反思在地人行為背後的深層意涵是什麼。」

將人類學技巧應用於職場觀察

研究所畢業之後，林承毅進入誠品書店工作，一待四年。受過人類學訓練的他很自然地在不同部門之中，試著用人類學的角度來觀察與思考「書店裡的讀者」。

「當年在書店工作，我自我定位是在做社會教育推廣，以及做消費人類學觀察。那時每天收新書、快讀新書，開始思考如何能將一天收到三十到六十本的新書排放到桌上？如何選書？如何陳列？這些牽涉到策展的技巧。我還會觀察消費者走進誠品後怎麼在書店裡逛？怎麼拿書？他的人和書又有什麼關係？」

他發覺過去的人類學訓練其實並非如一般人所想像的那麼孤高，而是能真實應用在理解讀者、並且提供讀者所需要的服務之上。因為有人類學的訓練，他逐漸形成對於「消費者」的想像，隨著經驗累積，這個想像也越具體。

研究威士忌的消費者行為

在書店工作的其中一年，林承毅請了長假到英國自助旅行三週。那次旅行讓他體會到英倫文化的魅力，因此當再次進修的機會出現，他選擇了蘇格蘭的史德林大學（University of Stirling）攻讀MBA，主要關注的是「消費者行為」。

「以前的消費者行為學比較偏向量化的思維，但現在西方正在改變，主張要了解消費者行為，除了用量化的數字，還要面對面地去觀察消費者的購買行為，才能明確知道消費者要的是什麼。」林承毅對於如何將心理學、人類學等社會科學的方法應用在對「消費者」的理解上並設計出好的商品與服務，有了更深的體會。

他主要的研究是蘇格蘭威士忌的消費，並將企管碩士論文的視角拉回台灣，想要進一步理解：同一種酒到了台灣，酒商、消費者對於酒為何有不一樣的想法與態度？

林承毅親近蘇格蘭的風土。實際到各酒廠去理解威士忌的製程，並從生活中觀察蘇格蘭人如何飲用這號稱為「生命之水」的酒精飲料。他也觀察台灣人如何「思考」、如何「喝」威士忌，試著還原蘇格蘭威士忌在台灣的在地意義：「在台灣，現在喝威士忌非常夯，不光是喝調酒，純飲的人也非常多。大概三十歲到五十歲的中產階級，為了表達他的品味，就會開始喝威士忌。」他參加了不少威士忌社群，發現大家會喝單一麥芽威士忌，這是比較貴的威士忌，也比較有個性。

他也發現，在蘇格蘭，威士忌是生活中的飲料，所以人們不會太在意「年份」，一般是喝三到五年的，而在台灣，沒有十二年是端不上檯面的。「所以蘇格蘭人常跟我說：『你們台灣人好有錢，都喝十二年的。』我跟他們解釋，在你們這裡威士忌是life drink，是生命之水，但在台灣是為了慶祝用，是拿來和特別的朋友分享用的，必須把最好的東西端出來。」同樣的威士忌在兩地的文化意涵完全不同，也形成不同的威士忌消費行為。

人類學家在商業顧問產業，發揮差異性優勢

回國後，林承毅加入了「中國生產力中心」，擔任台灣中小企業的服務與商品顧問，幫助傳統企業了解當前顧客的需求，據以發展出新的商品與服務模式。在他看來，之前的人類學訓練、書店工作、蘇格蘭威士忌研究的經驗看似雜亂，卻是他不可取代的優勢：

「就顧問產業來講，如果你有多元的背景，就可以在裡面有一個獨特性與區隔。在我服務的公司裡，只有我有人文背景，其他人都是商管背景，所以看事情的角度、做案子的方法就會有區隔。我覺得人類學家進到實際的工作場域，其實可以在各行各業發揮力量，做出你的差異性。」

在林承毅眼中，台灣的中小企業往往都有很先進的技術，能夠製造出很不錯的產品，但長久下來的代工文化，讓企業主在發展自己的品牌時缺少對於在地消費者長期的研究，因此無法設計出真正能打動消費者的商品。而要了

1

2

3

4

1 林承毅於中山大學帶領設計思考營活動。

2 人類學家善於掌握人的五感經驗，具有「見人所不見，察人所不察」的觀察力優勢，洞悉消費者真正需求。

3 打開五感去體驗、去觀察，是鍛鍊人類學家之眼的法門之一。

4 多觀察生活周遭的服務設計能刺激反思與創新能力。

圖2來源：台北路上觀察學會臉書

解消費者，特別是當市面上還沒有出現過類似產品，或沒有參考對象的時候，他的「人類學」底子就派上了用場。

在每個合作的案子，林承毅先用自己的田野觀察協助案主發展設計概念，在有了「原型產品」（prototype）之後，便拿去給目標客群（target audience）使用，根據他們的回饋與評價進行修改。這聽起來很像所有商品開發都會經歷的過程，但從他執行研究的細節裡，可以看出人類學家盡其所能追求對於「人」的理解有多麼吹毛求疵。

例如，他負責的一個案子需協助生產醫療人工皮的廠商發展出合適的「護足貼」商品，還得特別鎖定「女性上班族」來設計。因為開發者多為男性，對年輕女性很不了解，公司裡也沒有年輕女性，所以他運用人類學的方式，帶領相關人員進入年輕女性的生活脈絡，理解她們真正的需求。

「我們設定目標客群後，訪談護士、空姐、活動主持人等一些足部用得很劇烈的女性工作者，了解她們的使用脈絡。除了訪談之外，人類學家也很厲害的工具是『行為觀察』。因為要進行粉領族研究，我會花很多時間，像『背後靈』一樣，去觀察女生在做什麼事情。」

為什麼要這樣做研究？「因為，第一，我不是女生；第二，我不知道現在的年輕女生想法是怎樣。訪談是從對方講的話去了解她，但你還必須從行為面去做驗證，才會是一個全面性的研究方法。我們會實際去試穿不同類型的女生鞋子，如護士的鞋子、櫃姐的鞋子等，才能夠做到換位思考，才能對研究產出意義。」

為了這個計畫，他自己也穿上高跟鞋走路，親自感受腳跟與鞋子摩擦的狀況，然後根據自己的感受提供建議。「粉領族穿高跟鞋常會磨腳，護腳貼是要讓她們走路時更舒適。以前護腳貼不普遍時，很多人會用OK繃，可是黏性不夠，走路會鬆脫。新產品是用人工皮做的，所以第一服貼感很好，第二保水性很好，第三是能完全貼合在腳後跟上，而不是黏在鞋子上。」林承毅說明。

正因為做了田野調查，真正去向職業女性們請教，林承毅才真的知道如何向案主提供建議，進而利用材料的特質與技術的優勢，發展出滿足目標客群需求的商品。

蹲點調查：找出老人真正需求

在中國生產力中心的這段時間，林承毅最重要也最為津津樂道的成績是協助一間民營老年安養機構改善服務流程。

「如果沒有人類學式的蹲點調查，就看不到這些老人們最重要的需求！」林承毅說。

他帶著元智大學學生在安養機構裡「蹲點」，走進老人家們實際的生活場域做參與觀察，訪談老人家，聽他們訴說生活點滴。慢慢地，團隊有了很多有趣的發現。比如說，林承毅意識到，大部分人都把「老人」視為同質性的群體，沒有好好思考過安養機構雖然是一個老人們的社區，但在這個群體中還有實質上的年齡差距。

「在傳統的觀念當中，我們都只把老人當成老人。透過人類學式的觀察，才會發現每個年齡層的老人的行為都是很不一樣的，六十歲、八十歲、九十歲，他們的體能、需求、想要做的事情都不一樣；再加上他們有不同背景，有些在中國經歷過戰亂，有些成長於日治時代台灣，這些脈絡反映到現實情況時，會有很大差異，也會產生不同的服務需求。」

他也發現了一些過去從來沒有想到過的事情。例如，我

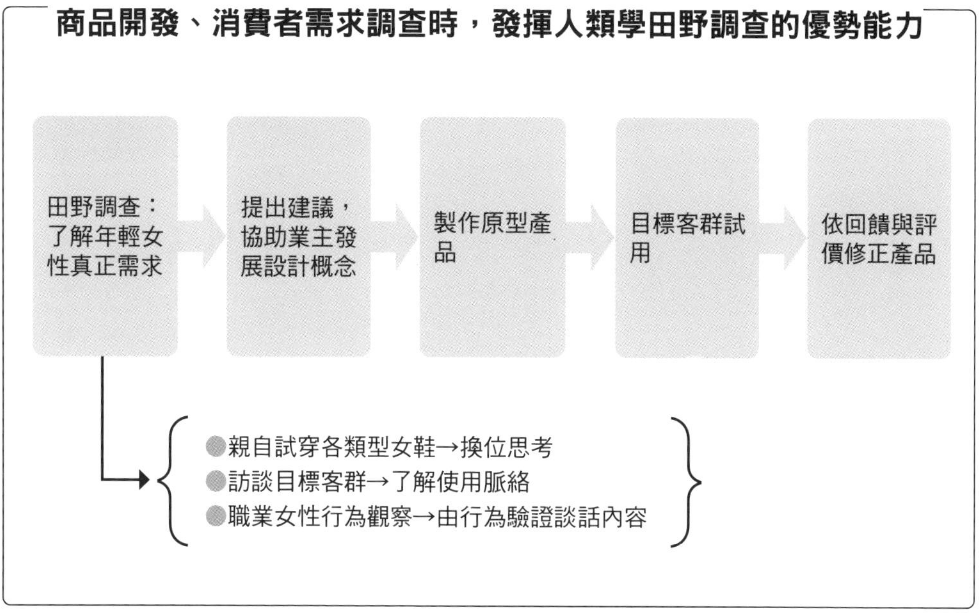
商品開發、消費者需求調查時，發揮人類學田野調查的優勢能力
田野調查：了解年輕女性真正需求
提出建議，協助業主發展設計概念
製作原型產品
目標客群試用
依回饋與評價修正產品
親自試穿各類型女鞋→換位思考
訪談目標客群→了解使用脈絡
職業女性行為觀察→由行為驗證談話內容

們常常把老人看成是「無性」的一群人，忽略了他們其實也在尋求親密關係，或是相互的依賴。

「老人家也有社交需求，需要談戀愛。機構裡的餐廳就是八卦最多的地方，也是大家互相觀察的地方。很多對彼此有好感的、在曖昧中的老人家，其實會避免一起出現在餐廳裡。因為只要一起去餐廳，其他的老人就會傳言說『誰誰誰和誰誰誰在一起』，就像小孩子們一樣！」他分享。

換言之，一個理想的老人安養機構，絕對不能把長輩們看成是暮氣沉沉等著走向人生終點的一群人，而應該要能考量到他們實際的社交需求與生理需求，才能做出理想的空間規劃。他將田野觀察得到的資料，轉換成為給機構提升服務的洞見。

「例如，老人家很希望有人陪他們聊天。所以在安養機構裡的工作人員工作壓力很大，不僅要完成自己例行性的工作，還要負責照顧老人家的情緒。」為了解決這個問題，他注意到老人家非常期待在機構的公共空間裡，和其他老人分享週末與兒孫輩出遊的相片。林承毅因此建議，在大廳設計一面電視牆來播放相片，不僅促進老人們的生活樂趣，還能分散其注意力，進而減輕工作人員的負擔。

這樣的設計聽起來很簡單，但正因為太過簡單往往被忽略。如果不是透過田野調查，並且有意識地從中做全盤性檢驗、找尋服務提升的可能性，這樣細小但可產生很大影響的改變，或許就不會發生。

了解「人」，是人類學家對服務設計的最大價值

台灣的服務產業與服務設計發展至今，雖然相當強調「消費者研究」的重要性，但人類學似乎還沒在台灣的服務領域得到重視，整體來說在業界發揮學門專長的比例仍不高，在林承毅眼中，這是危機也是轉機。

「人類學的民族誌田野調查，在服務設計之中會是一個很核心的方法，可以去看見現象背後的意義，從人的行為與言語當中去找到脈絡，這對於服務設計來講是很重要的，也是人類學學門在未來應用上一個很重要的能力。」

路上觀察學

二〇一四年，林承毅在臉書上成立「路上觀察研修會」，希望能推動「在路上的觀察」，隨時注意到日常生活中設計與人的關係，讓「走在路上」這件事煥發一番趣味與深度。「路上觀察學是三十幾年前一些日本的建築師與藝術家發展出來的，他們認為在路上有很多看起來無用的設計，但其實可以激發人的想像力。而且，『觀察』是人類學家的天賦，也是一項具有差異性的能力。設計顧問公司IDEO創辦人湯姆・凱利說過：『觀察是創新的原點。』如果我們能帶動大家去重視『觀察』這件事，能把它弄得很有趣，讓大家願意離開辦公室，走到實際的街上去看人類的行為與生活，也就能從中找出趣味、找出洞見。這就是觀察的價值。」

●藉「路上觀察」磨練對日常空間的敏銳度

林承毅辦網聚、辦「路上觀察探險隊」，用有趣的活動帶領隊員一起探索大稻埕、青山宮、老台北城等地，觀察這些地方的物質文化以回顧台灣歷史，並讓他們用團隊競賽的方式，分享各自對於生活周遭的觀察。

「路上觀察」是林承毅日常生活的一部分，成為他不斷磨練自己「敏銳度」的法門。而參與「路上觀察探險隊」的隊員們，更因為林承毅對台灣史地民俗的熟悉，還有他人類學家敏銳的觀察力，大大提升了他們對於日常生活空間的感受力。「現在日本每個大城市都有自己的路上觀察學會，用來捕捉城市裡常被人遺忘的細節。」林承毅也希望這樣的日常細膩觀察能在台灣生根，從台北、台南慢慢推廣到其他城市。

細膩觀察，就能在路上捕捉到城市隱藏的線索和趣味。
圖片來源：台北路上觀察學會臉書

•台北路上觀察學會https://www.facebook.com/TaipeiStreetObserversClub/

他認為，擁有這樣的觀察力，將可以扮演橋梁的角色，在不同的場域發揮人類學的影響力，只要你對人有好奇心，除了本身有人類學的訓練外，又對商業有敏銳度，要轉換到其他領域是非常容易的。「而且，我覺得人類學家有一個核心的能力，就是和不同族群的人co-work（共同合作），所以進入服務領域，很容易就能發揮這樣的角色功能，人類學家會讓你的事業更有價值！」

把「儀式」概念導入服務設計

眼下，我們看到了很多設計師或是商業顧問在推動服務設計，人類學家投入這個領域會帶來什麼改變？人類學家來做服務設計的優勢又在哪裡？林承毅以自己為例：

「我本來做的是『儀式研究』，維克多．特納與許多人類學大師的著作對我的影響很大。現在，我正嘗試把『儀式』這個概念擺入『服務設計』裡面。因為整個服務的產生有一個『流』的狀況，那個『流』要怎麼展開？跟我們過去在學的宗教儀式是一樣的道理，像蘋果電腦就把宗教儀式的概念運用在銷售服務上。」

林承毅說的「流」，指的是要把消費者導入設計過的「服務流程」之中。對他來說，把消費者帶入這個流程裡，應該要像是宗教場合「召喚」信徒進入一場「儀式」一樣。要先讓消費者脫離原本的生活脈絡，進入被服務的情境裡，然後再帶著設計過的經驗與體會回到原本的生活之中。

「人類學家最大的價值在於，他未必對每一個產業都了解，但他了解『人』，了解人潛在的需求，所以可以站在一個更客觀的立場去協助廠商設計產品，可以站在人與消費者的角度帶給廠商不一樣的思維。因為廠商想的永遠是他的產品要怎麼賣，卻會常常不經意地忘記了人的需求是什麼。」

林承毅特別強調人類學家擁有「觀察力」的優勢，因為有田野調查與民族誌理論的訓練，人類學家往往能「見人所不見，察人所不察」。他分析，人類學家觀察的能力來自於民族誌的訓練，因為到一個地方做很深入的蹲點，對人的五感經驗相對是比較容易去掌握的；此外，和單純學設計的人相比，人類學較會有情境（scenario）的概念，但設計師相對比較注重在產品面，較少關注產品在實際的情境中如何被使用。

「人類學家最大的價值是他對於人的行為的敏銳度，這是其他學門所不具備的。在田野活動當中，人類學家往往能從一些不經意的線索去發現一個新的洞見。像偵探福爾摩斯一樣，他往往可以從一些別人看不到的軌跡裡面，發現到新的創新點。」

曾有人形容林承毅是「閑散的浪漫，又能深刻的觀察……表現上看起來很溫和，但骨子裡是個革命分子」。這樣一位正在溫柔地革命的人類學家，以行動揭櫫人類學跨界商業、走進日常生活的獨特價值與潛在能量。

人類學專長結合商業敏銳度，在服務設計領域可發揮獨特價值

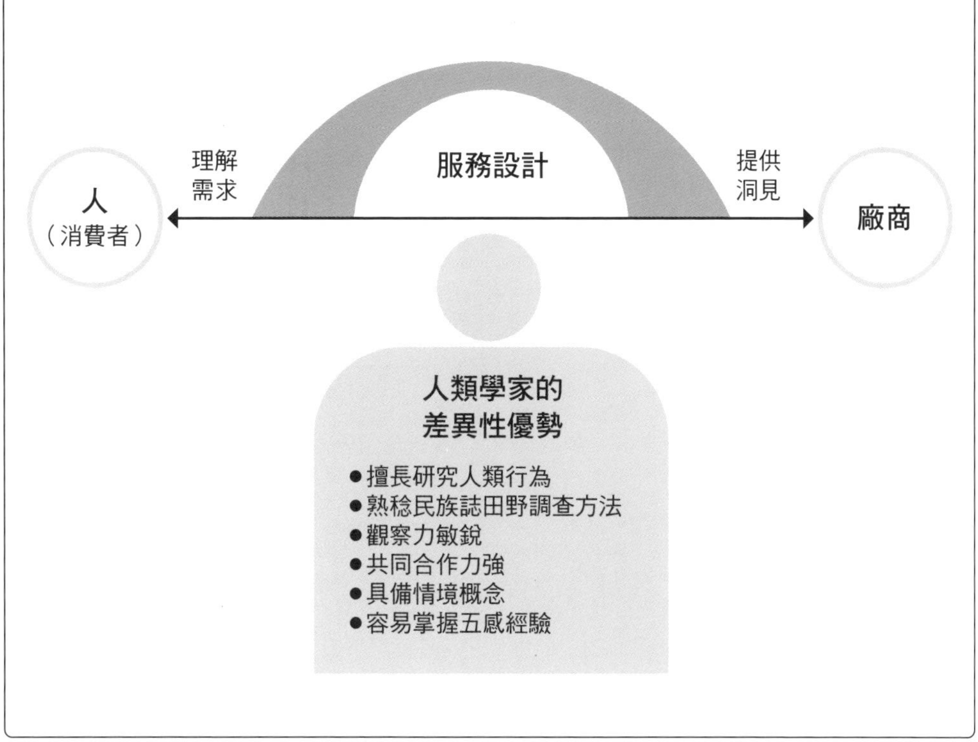

服務設計
理解需求
提供洞見
人（消費者）
廠商
人類學家的差異性優勢
●擅長研究人類行為
●熟稔民族誌田野調查方法
●觀察力敏銳
●共同合作力強
●具備情境概念
●容易掌握五感經驗

挖掘厚數據

服務設計與人類學

IDEO創辦人湯姆．凱利把「人類學家」列為十種有助於發展創新的人才排名之首，因為在他看來，不管是商品設計還是服務設計，都需要回到以「人」為核心。而以「人」為主要研究對象的人類學家，具有極佳的觀察能力，並能從觀察經驗中發覺需求、產生洞見，最能夠協助發展創新。事實上，在國內外，已經有非常多的人類學家投入了設計領域，其中最直接與人相關的「服務設計」，自然也成為人類學家們發揮專業的新天地。

●透過人類學式的觀察研究來發展「使用者旅程」

在工作方法上，這些「服務設計人類學家」都強調把「設計思考」過程中的觀察階段，當成是人類學家的田野調查工作。美國服務設計人類學家阿莫妮雅．阿莫雷多（Armonía Alvarado）認為人類學對於設計思考的幫助有下列幾項。

首先，人類學奠基在直接的觀察與田野，而不是第二手的調查資料。其次，人類學強調了人類多樣性或特殊性，對於辨別出創新機會與提出有用的模型非常有幫助。第三，人類學的一個重要目的是去了解人們做決定的動機是什麼，因此能夠引導且告知如何在設計之中滿足使用者。第四，人類學對於研究對象抱持同理心，不去做價值判斷，而是去理解他們。

目前許多的服務設計公司，都強調可以透過人類學式的觀察研究，來發展「使用者旅程」，透過長時間的觀察得到資料，並且歸納使用者體驗「服務」的詳細流程，從中發現問題。

另外，學者塞格爾斯特倫（Fabian Segelström）、瑞吉麥克斯（Bas Raijmakers）和霍姆立德（Stefan Holmlid）也曾強調，應該要回到人類學的強項「民族誌式的田野調查」，讓研究者真的進入研究對象的生活中，發展出比較完整的民族誌，再以此做為服務創新的參考。

從以上案例，可以看到人類學在服務設計產業扮演著越來越重要的角色。

之二
社會設計的人類學

實踐社會關懷，打造以人為本的創新！

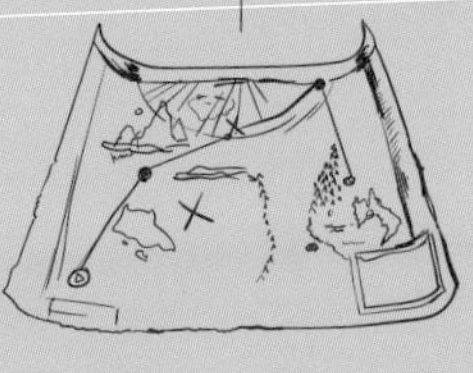

鍛鍊你的人類學之眼

交換
EXCHANGE

交換，是人類獲取資源的一種方式，一般來說具有「市場原則」、「再分配」、「互惠」三種形式。

互惠
RECIPROCITY

互惠，或稱「相互關係」，指的是一群社會對等單位之間的交換，這些單位大多是藉由親屬、婚姻或是其他緊密的個人連結而產生關係。這樣的互惠關係在平權社會尤為重要。不同的社會對於「為何互惠」、「如何互惠」都有自己的文化性詮釋。

想改變一個社會裡的相互關係，就先改變社會成員進行交換的過程

在人類眾多的經濟活動類型之中，「禮物經濟」顯得非常特別。首先，這樣的經濟模式並非以滿足生理性的生存需求為目的，而是文化性與社會性的。其次，許多禮物經濟相當違反人類的經濟理性，有些地方會發生一次性的禮物贈與便花盡送禮人的所有積蓄，使之變得一貧如洗；即便如此，這樣的贈與還是被視為必要的義務。

此外，我們在現代社會也能看到類似的文化行為，這種社會單位之間的禮物交換，往往奠基於人類社會的「相互關係」之上。法國人類學家牟斯（Marcel Mauss）爬梳各方民族誌材料與歷史材料，成為後來的經典著作《論禮物》（*Essai sur le don*，1950，英譯本《禮物》〔*The Gift*〕）。牟斯發現，各地民族的送禮行為有相似的行為結構。對於這些民族或個人來說，送禮屬義務性，接受禮物也是義務，而接受禮物的人必須在一定時間內回贈等值或是更為豐富的禮物作為回報。這不僅在「給」和「受」之間形成了結構性的關係，也滲透到社會的經濟、政治、宗教、道德等各層

面。在這現象背後的原則，牟斯稱為「全面性的償付」（total presentation，即指看似自願性，實則由「贈與——接受——回禮」三個義務性環節構成的禮物交換行為），讓整個社會的人都一起捲入這樣的交換過程中，而「物」一旦進入了這樣的過程，便具有神聖性質，贈與物甚或分享了贈與者精神的一部分，進而推動了物的交換與移動。

以毛利人的「通嘎」（taonga）禮物為例，要理解毛利人這種禮物交換形式，就必須要理解「豪」（hau）的觀念。對毛利人來說，「豪」就是東西的一種無形靈力，讓人送禮出去之後，最終會收到回禮。當地人說：「假設你有一件東西——通嘎，你把它免費送給我，我們不曾討價還價，後來我又把這東西送給了別人。過一陣子，收我通嘎的人決定要用一件東西當成回報（utu），他就送我一件通嘎。現在我收到的通嘎，其實是源自你送給我的那件通嘎的『豪』。」對毛利人而言，「豪」會隨著送禮的過程，負載於禮物之上，追隨每一位禮物的主人。但是「豪」要回到它的出發地，要回到其成長的氏族。正因為有「豪」，通嘎能使一連串的使用者再創造出新的通嘎來還禮，可以是財貨、商品、勞力等形式。更重要的是，價值更高的禮物，可以使送禮者的權威與力量高於原先的送禮者，讓原先的送禮者成為新的收禮者。在牟斯看來，「豪」的概念體系，就是紐西蘭毛利人社群、財富、禮物、貢品等義務性交換、交流背後的原動力，帶動了「全面性的償付」。

類似的角度也可以用來解釋，美拉尼西亞地區的初步蘭島民對於「庫拉」（kula）交換之所以如此投入，是因為在該社會中，「庫拉」牽涉到整個區域的婚姻、經濟、宗教、道德各個層面，帶動了交換的持續性進行。換個角度來講，要去理解一個社會裡的「相互關係」，除了要看社會成員裡面進行交換的過程，也要從結構面的角度切入，掌握背後的意義體系。

✔思・考・練・習・題

❶在我們所處的華人社會，是否也有類似獨特的「互惠性交換」？

❷我們在婚禮、節慶等場合所互贈的禮物，是否也符合「互惠性交換」的特徵？是什麼原因讓我們願意送禮、收禮與回禮？

參考書目：

Marcel Mauss, trans. Ian Cunnison, *The Gift: Forms and Functions of Exchange in Archaic Societies*. Glencoe, Ill.: Free Press, 1954.

第七章

邱星崴：打造青年旅社，翻轉農村經濟

邱星崴返回苗栗家鄉創立老寮青年旅社，從社會運動汲取經驗，發揮人類學的精神與年輕創意，結合商業手法，把農村文化的價值轉換為有經濟實力的事業，使斷層的農村重新與外界接軌，並且改變了當地內部的相互關係，進而串聯出更大的社會創新力量。

「先有『桂花巷』，才有桂花，南庄以前是沒有桂花的。這一切都是巧合，只是因為在街上有一家名為『桂花巷』的麵店，老闆很喜歡《桂花巷》這部電影；後來，做社區營造的長老教會教友也用這個名字，成立了『桂花巷社區營造』，參加比賽還拿到績優獎。然後遊客就來啦！到處找不到桂花，所以南庄就開始種桂花！」

「南庄的桂花、北埔的擂茶、內灣的野薑花都一樣，沒有道理可言。因為我們是弱勢，是山林邊區，不會有自己的面孔，所以被任意塗寫。二〇〇二年在沒有桂花巷營造之前，南庄被稱為『咖啡之鄉』，因為這邊以前有許多景觀咖啡廳。有了桂花之後，桂花就無限地繁殖，和現場製作的食品結合，所以就會有桂花香腸、桂花酒、桂花蛋捲，老街模式就出現『抓交替』……」

邱星崴帶著遊客，穿梭於苗栗南庄的吊橋、社區與「桂花巷」老街，一一解釋南庄的歷史發展，以及如何一步一步走向「觀光化」。

這群人進入了一棟三層樓的透天民宅，一同享用剛煮好的紅豆湯，一邊聽邱星崴講這棟建築物的故事——這裡就是「老寮青年旅社」（以下簡稱「老寮」），是邱星崴要改變家鄉苗栗的一個戰場。老寮的位置在南庄老街旁、跨越中港溪的那座吊橋另外一側，雖然不是核心的商業區域，卻擁有難得的僻靜與清幽，被自然的美感環繞。

邱星崴其實不是南庄人，而是附近的大南埔子弟，就像很多鄉下孩子一樣，很小就被送去城裡讀書，以優異成績畢業於台大社會學系、清華大學人類學研究所。他大三那年回到故鄉做田野調查，發覺自己對於生長的土地是如此陌生，而童年在水壩邊與田裡玩耍的回憶，也正逐漸被工業化與都市化的力量侵蝕，因而促使他開始投入大南埔與鄰近地區的社區營造工作。

翻轉農村的舊交換體系

在二〇一〇年「大埔事件」與「張藥房事件」中，身為社會運動團體「農村青年陣線」成員之一的邱星崴，回到地方協助對抗大財團與地方政府聯手圈地的亂

百工裡的人類學家

邱星崴：「要深入自己的家鄉，得用人類學的方法才行！……在農村裡創新與創業，必須善用人類學的方法觀察，得到全貌觀的理解，在此基礎上挖掘、深耕在地文化，才有機會累積人脈，回饋在地，形成正向循環。」

- 耕山農創股份有限公司負責人、老寮Hostel創辦人、國發會第一屆地方創生青年培力南庄工作站主持人
- 結合人類學、社會學與地方產業，以創新思維重新打造農村生產鏈，用經濟力量支持農村變革與傳承。目前正積極推動苗栗縣南庄鄉「幸福巴士」營運，搭起平台與橋梁，修補地方性的條件
- 台灣大學社會學系學士、清華大學人類學碩士
- 老寮Hostel：https://www.facebook.com/mountainlodge2014

象。事件過後，他清楚意識到，家鄉的農村不僅僅被怪手威脅，最關鍵的是必須喚醒地方人民的覺醒，否則社運團體做再多的事，投入支援的往往都是外地大學生，缺少在地人的投入，因而使他產生「要深入自己的家鄉，要用人類學的方法才行！」的體悟。

「為什麼地方派系無法動搖？為什麼在農村買票沒有人檢舉？這是因為，買票只是一個確認『交換關係』的方式。平常農村各種資源、經濟機會都相對匱乏，所以有需要的人勢必要找地方上有政治影響力的人來幫忙，久而久之，就形成一套『交換體系』，這個體系也就成了『地方派系』。所以，買票怎麼抓得到？」買票文化其來有自，結構性積弊已久，邱星崴以人類學訓練的背景，提出他對地方的觀察。

近幾年經歷過社會運動的洗禮，邱星崴察覺到農村裡面難以改變的狀況，他以人類學的「交換」理論觀點來詮釋背後的成因。一旦看透了這個結構，他意識到，要改變農村的價值體系，不能只依賴社會運動或抗議衝撞的老路子，還必須讓農村裡的人找到獨立於地方派系的經濟出路，要讓農村與外面的世界接軌，用更大的經濟力量來改變農村裡面人們的想法，於是決定回鄉做不一樣的事。

「老寮」創業：返鄉蹲點力量的爆發

過往，人類學家應用知識的策略往往是在學校裡面，安穩的學院待久了，通常也失去了承擔風險的鬥志；但對邱星崴來講，此時正是年輕人站出來的時候，尤其人類學強調「在地關懷」的實踐不是在學院裡，要能真正在地方上扎根，才更有意義。而他在老寮的作為，正是來自於人類學田野的訓練，一切都從蹲點開始。

「剛回來鄉下其實很辛苦。家鄉人們認為你讀了書就應該要去外面闖，回來只是浪費生命、浪費時間！」邱星崴無奈指出，地方上的人不是不懂農村的價值，但是長久下來處於經濟弱勢，只能寄望年輕人出外闖出一片天，再回來光榮故里。所以，像他這樣回到故鄉創業，在地方父老眼中幾乎等同於「異類」。而為了要證明自己的理念，能帶來年輕活力、刺激當地經濟的「青年旅社」成為他的選擇。

「過去，南庄這邊大都是高級的歐風民宿，呈現的是exotic（異國情調）。我的初衷是要做好農村工作，所以設定的是平價、門檻低的民宿性質，還要能夠連結在地生態與文史，『青年旅社』就是一個很好的機制。」邱星崴說。要實現理想，資金是必要條件。為了開設老寮青年旅社，邱星崴採取「認股制」，一股兩萬，周圍認同他的老師與長輩們一共認了四十股，成為他創業的第一筆資金；之後又得到創投公司的資金挹注，於是成立了「耕山農創」公司，讓老寮有機會真正運作起來。

用社會企業思維，打造新農村運動

二〇一四年十月十九日，「老寮青年旅社」正式開幕。

邱星崴深植地方多年的努力，讓這一天的開幕格外熱鬧，地方上的大老、媒體都來記錄這一刻。而老寮的開幕不僅是新事業的開端，也是苗栗新農村運動的一個里程碑。他樂觀看待農村的潛力，洞悉農村在現代社會之中的優勢，並且找到經營農村的關鍵值：「年輕人在高消費的都市生活，未來會越來越困難，農村可以是一個選項。農村不應該只是生產農作物而已，在網路接單的年代，農村還有很多新的可能性，一級到四級產業都可以發展！」

他希望青年旅社、農村文創是有生產力的，可以提供優質的住宿、有生態與文史價值的旅遊行程，把一般的價格戰，變成難以被取代的具有地方特色的『價值』，這是我們正在嘗試的。」

從旅社選址、命題、服務流程的設計，都可以看見團隊的用心。

「早年南庄山區有許多產業，工人休息的地方就叫做『寮』，南庄是丘陵和高山的交會處，『老寮』就是山林的入口、有歷史的老房子，希望透過各項活動，讓大家了解南庄深厚的文化與歷史資料，體驗不一樣的生活。」

邱星崴這番話定調了老寮的目標，從提供背包客青年旅社的服務開始，希望進一步成為年輕一代認識南庄、苗栗與台灣土地的一個切入口。他分析老寮和他過去做的社區營造有什麼不同：

「早期我做社區營造，因為聽起來很沉重，好像一定要跟社區發生關係、一定要給予承諾，用這個方式很難吸引年輕人來到鄉村。但是，如果換另一個方式，可以吸引更多年輕人來農村體驗，而且它也有更多彈性的空間，青年旅社可以和輕旅行、地方產業做結合，例如我們之前推動休耕農地的『復耕』、學習農村的傳統手工藝。我認為，在地方做青年旅社的開發性、連結性會更強。」

邱星崴認為，老寮是社會運動與社區營造之外的一種嘗試，過去好像只談理念，不求回報、不談報酬，但畢竟無法長久持續；所以他想要用社會企業的思維，為地方找出一個可以永續經營的模式。

以經濟力量，實踐人類學的在地關懷

邱星崴站在老寮門口，右手順著南江街巷道往山上指去。

「這條街以前是貿易買賣的聚落，山上下來要做生意都要經過這邊。那時候就不希望老寮開在老街上，而是希望在一個相對幽靜的地方，就是南江街，這樣的距離也能幫我篩選客人。」

走進老寮屋內，順著樓梯走，每個房間的門口，都可以看到用兩個米酒瓶併合而成的門牌，用來標示每一個房間。邱星崴下功夫研究過在地的產業變遷史，他解釋，「以前南庄有很多產業，工人就在各地蓋寮舍。這裡有樟腦林及採樟腦的工人，所以我們有『腦寮』，也有製作木炭的，所以做了『炭寮』的門牌，還有造紙的，叫『紙寮』。」

在整修這間屋子的過程，他很清楚，必須讓地方上的人一起參與，這樣老寮才不會是他自己的事業，而是所有人一起的志業。「前一個屋主是礦工，更早還聽說這裡是碾米的水龍間。翻修的時候，我們按照原本的格局去做，沒有太大的更動。施工都是本地人做的，主要請社區巡守隊的隊員來承接。」

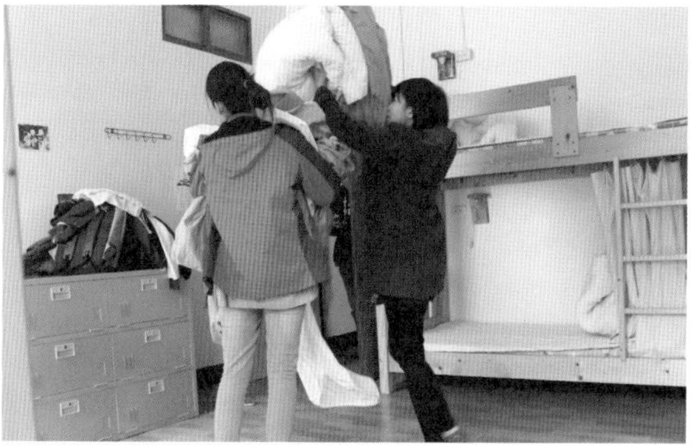

1

2

3

4

1 房務整理的打工換宿吸引不少年輕人到老寮。

2 Valai農創店是凝聚在地、推動農業產業串連的重要基地。

3 勞務換宿提供旅人體驗農村生活的機會。

圖片來源：老寮Hostel臉書

4 兼具輕食咖啡館與農產選物店功能的Valai農創店。

圖2、3、4來源：Valai農創店臉書

在「紙寮」房間的外牆上，掛了一面用「客家紙」拼貼而成的裝置藝術，這是當地擅長美術的長輩贈送的；每一張紙記錄了發生在老寮的精彩故事，例如來此處用專長換宿的各地學生、不同背景的人下田幫農、或是一起晚餐交流等故事。

住在大南埔的張伯伯，以前在南庄一帶擔任煤礦公司礦坑的水電工，是邱星崴在田野調查時認識的長輩，也被一起拉進來合作的圈子裡。張伯伯的孩子在外地工作，一年當中除了過年很少回苗栗；張伯伯受到邱星崴的熱情感動，還特別把孩子的房間整理好，作為老寮滿房時的預備房間。地方人士的參與，展現了邱星崴在地經營的成績，也看得出他們對於老寮的厚愛與期望。

農村是一個轉化器

在邱星崴眼中，「老寮只是一個入

老寮《拾誌》：結合人類學的田野書寫

邱星崴讓人類學的興趣和老寮的運作合而為一，團隊攜手地方上對於寫作有興趣的年輕人，共同創立了在地期刊《拾誌》，以田野調查方式投入地方書寫，展現農村的新風貌。

看中現代人對於「輕薄短小」的偏好，也考量到新創事業成本，《拾誌》在設計之初，便選擇了半開紙張的全彩印刷，摺成B5大小，有如在旅遊景點拿到的地圖摺頁一樣。

「《拾誌》小小的很好攜帶，只收十元，買的人不會有負擔。到了每一個地方就可打開這張摺頁，對照相片、地圖與真實的風景。」

土地、人物、生活等題材是《拾誌》最重要的內容，希望每一個來到南庄的讀者，能夠因為這一份小小刊物，對於這塊土地上的人、環境與故事，有更深的認識。

口」，如何讓來的人感受到農村的精彩，進而關心地方，才是真正的挑戰。人類學做田野的背景，對於他梳理地方的歷史和脈絡有很大幫助。

來到老寮，總有許多新鮮事等著你。除了可以跟著邱星崴或是旅舍的「管家」走讀認識南庄的歷史，還有許多體驗活動。跟著農民去採收香菇和木耳、到附近「峨眉農場」體驗有機稻米種植、欣賞地方人士藝文表演等等，都能讓住宿老寮的人感受到不同於一般旅遊的樂趣與深度。

這些精彩活動的背後，也要歸功於邱星崴請來的兩位員工：亞璇、皮子。老闆和員工這三人過去都沒有旅遊業或是旅館業經驗，卻意外成了老寮的創始團隊。「我其實就是放手讓他們去做！」邱星崴談到他和兩位員工的合作。

話雖如此，在老寮開始營運之前，他細心安排她們到西海岸一帶自己認識的幾家民宿參訪，理解旅館業運作的實務內容，學習如何做一名「管家」。而為了讓她們更快融入當地，邱星崴也安排兩人加入地方巡守隊，每天都須固定跟著地方上的長輩一起去巡邏，過程當中就有機會多多互動、相互了解。兩名工作人員從無到有，直接面對一間全新青年旅社的日常大小事，諸如清潔、電話訂房、處理房客留下的各種私人物品等，都是超乎想像的挑戰。「來到老寮之後，也讓我開始思考人生新的可能。我的阿公在坪林種茶，外婆也在嘉義梅山種茶，有在考慮未來回去幫他們經營。」亞璇說。

亞璇和皮子現在已經成為老寮的核心，茁壯為獨當一面的青年旅社管家。隨著在地方待得越久，認識越多地方人士與有心一起經營農村的年輕人，他們

老寮、Valai農創店扮演轉接器，用經濟力量捲動農村的改變

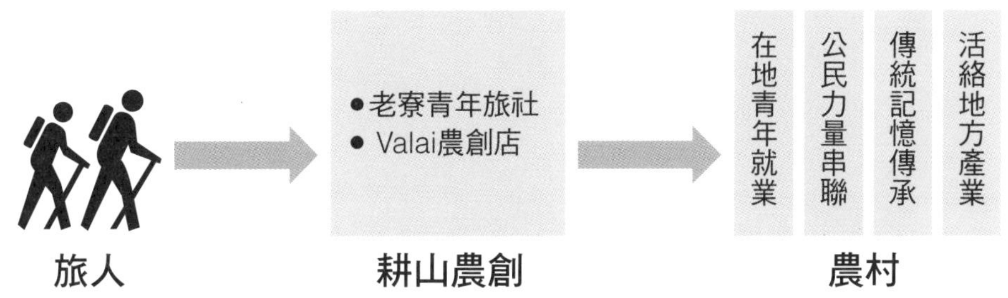

也能規劃出更多精彩活動，讓來到老寮的客人有更豐富的體驗。

其實，眼下的台灣，像亞璇這樣選擇離開都會、到農村或鄉下找尋人生可能性的年輕人還真的不少。邱星崴知道，現在社會上有許多學生族群對於「體驗生活」懷抱期待，而老寮也需要年輕的活力，所以取法南投竹山「天空的院子」等經營社區有成的民宿，開放短期與長期的「專長換宿」，讓帶有專長的大學生、研究生們能夠來到這裡，一邊感受地方的風景與文化，同時成為老寮的助力。即便沒有專長，也能用「勞務換宿」的方式，幫忙附近的農友做些農事，或是直接幫忙老寮的營運。「農村可以是一個多層次的轉化與轉接器，年輕人可以透過我們進到農村，讓才華與理念跟農村接壤、發酵。」邱星崴解釋為什麼要安排「換宿」這樣的設計。

開幕營運後不到一年時間，來老寮「實習」、「專長換宿」與「勞務換宿」的年輕人已經超過五十位，多半是來自北部的大學生或是剛畢業的年輕人，趁著長假來到這裡。他們除了協助房務，還要跟著一起下田或是跟著做田野調查，深入客家農村社區與原住民部落的生活裡。對他們來說，這是少有的認識農村與地方的機會，也是人生中一段最接近人類學家田野調查的經驗，對於南庄與台灣農村，有了不同於一般觀光客的認識。

基於互惠的交換，回饋地方、活化資源

當然，創業絕對不是簡單的事，通常來過老寮的客人短時間內很難再度到南庄，所以邱星崴得想辦法增加客源。譬如看準了二〇一五年「小確幸連假」多，於是他和彰化的青年旅社合作，舉辦了串連山線與海線的鐵路旅行，簡稱「山海大旅行」。讓青年背包客可以沿著鐵路線，從竹南、三義、豐原、台中、沙鹿、苑裡一路連線玩到彰化，沿途集點蓋章，遊客們可以用兩千元住到三間青年旅社，還能得到當地的導覽。這個計畫讓老寮的住房率成長了三成，帶來新的財源，足見邱星崴不乏精準的生意眼光。

接著，老寮在自己的地方田野調查基礎下，舉辦了「竹林尋寶—桂竹筍」農事體驗小旅行，帶領旅人跟著農

夫一起挖竹筍、聽山林裡的故事。夏天則舉行「生態．冒險．峽谷」溯溪活動，在當地人帶領下，順著孕育泰雅族與賽夏族的河流溯溪而上，感受大自然的美，也觀察河流與部落文化的相依與共。

然而，老寮要營運下去還是得有管理的手腕，不管再怎麼能提供文化性的旅遊元素，這畢竟是一個事業體。邱星崴並不擔心資金不夠多，而是要進一步學習營運成本、攤提、獲利要如何計算。因為他和創始團隊成員沒有財經背景，缺乏經營的概念，雖然有簡單的記帳，但沒有系統性的整理資料，就無從看出背後或是長期的財務狀況。

幸好後來有兩位中山大學MBA的學生，利用寒假到老寮「專長換宿」，幫忙整理帳目，並教導他們

「耕山農創」是結合人類學、社會運動與商業思維的創意結晶

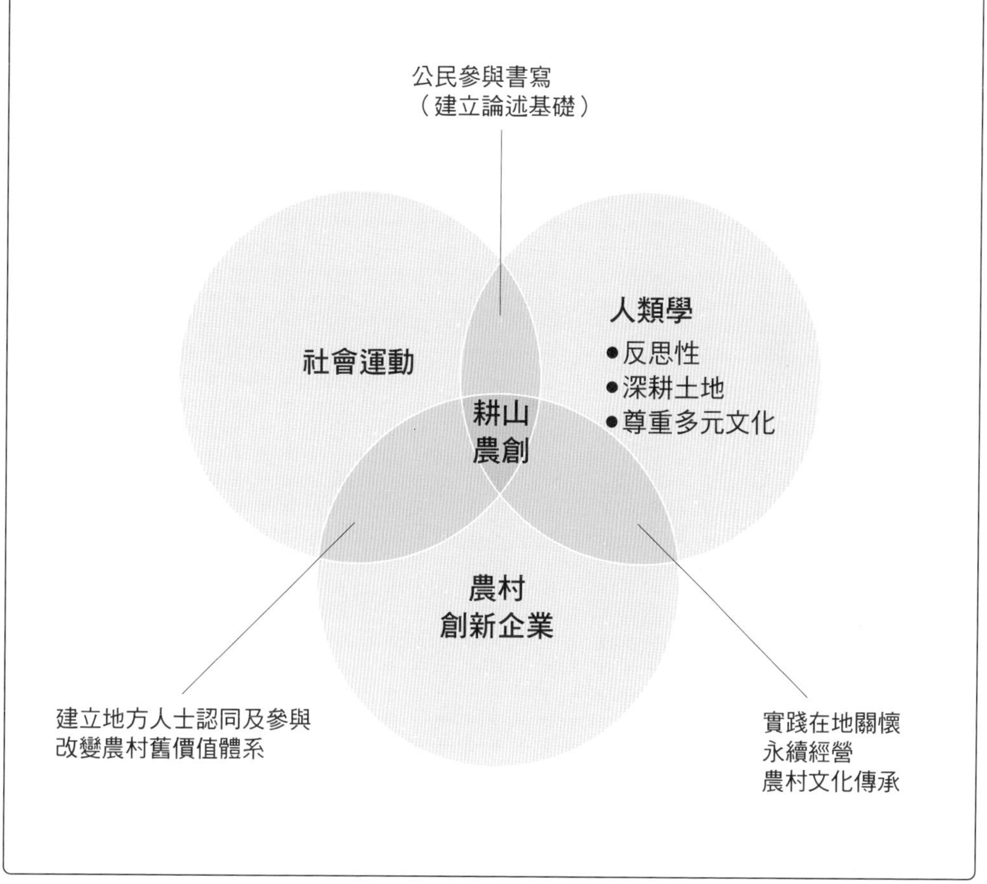

如何利用管理報表做基礎的財務分析，得以在股東大會上讓所有股東清楚目前的財務狀況。幾個月之後，具有管理學專長又有職場管理經驗的兩名新成員曉薇與伊倩加入團隊，負責財務管理，同時一起發展以南庄為場域的「在地創新」營隊，讓參加者來到老寮學習社會調查與創新思考。

深潛農村，創新地方特色產業

老寮，是邱星崴農村事業的新起點，一個讓他開始以商業與事業角度來思考農村的切入點。在老寮慢慢上軌道的同時，他和其他有志一起經營地方文史工作的夥伴，成立了「中港溪農情調查隊」，希望能進一步深化對於苗栗中港溪流域的產業調查，從中尋找可以切入與發展的契機。

在南庄鄉公所的舊日式宿舍裡，他以「耕山農創」的名義開了一家「Valai農創店」，販售結合了地方特色的餐飲、在地生產加工的農創商品。後續也有更多機會找上老寮團隊合作，例如已廢校的大河國小、原本即將廢校的大坪國小，計劃將現有空間規劃成為農產加工中心與社會創業基地，峨眉湖的管理單位也邀請老寮團隊規劃水上活動。這些應接不暇的任務，顯示邱星崴在地深耕的努力受到肯定，也讓人更加期待之後的發展。

邱星崴的話題經常圍繞在創業上，但實際上他的想法、行動都還是圍繞著農村與土地。過去，他用的方法是社會運動，現階段他更加務實，他清楚必須用經濟的方法來捲動改變，才能讓大家注意到農村的新可能，在文化的傳承之外，也必須成為有利可圖的事業，才能走得長久。他沒有忘記人類學教會他的，「在農村裡創新與創業，必須善用人類學的方法觀察、得到全貌觀的理解，在此基礎上挖掘、深耕在地文化，才有機會累積人脈、回饋在地，形成正向循環。」時間的沉澱讓邱星崴變得踏實，過去的社會運動青年，正一步一步朝向穩健的社會企業經營邁進，不變的是，他對於家鄉的愛與熱情。

挖掘厚數據

社會運動與人類學

人類學的發展其實一直都與社會運動有密切的關係，這大概有幾個原因。

●人類學者為邊緣對象發聲

首先，人類學研究者關心的對象往往處於主流社會的邊緣，不管是世界經濟體系的邊緣地帶，還是在主流社會裡的弱勢族群，都能看到人類學者在田野調查之後，為被研究者發聲。

其次，人類學的反思傳統及人類學者田野調查中所發現到的文化現象，往往挑戰主流社會的傳統價值觀，擴大了對於人類文化光譜的認知與想像。舉例來說，在美國人類學發展史上，法蘭茲．鮑亞士（Franz Boas）介入了族群主義與早期的原住民運動；在女性主義運動的發展過程中，瑪格麗特．米德（Margaret Mead）的薩摩亞島民性別研究，也發揮了重要的影響力。在近期的「佔領華爾街」運動中，也能看到大衛．格雷伯（David Graeber）積極參與，甚至發揮了領導與論述的力量，帶領美國民眾與世界重新反思當社會過度傾向資本主義所帶來的負面影響。

●用書寫及公民參與介入社會運動

在台灣，八〇年代人類學者積極投入原住民的正名運動，二〇一四年的「太陽花學運」，也透過書寫與公民參與的形式，為社會運動找到論述的基石，擴大參與基礎。此外，如同志平權運動、反樂生拆遷、反媒體壟斷運動，也可以看到台灣人類學界沒有缺席。人類學本著「反思性」、「深耕土地」、「尊重多元文化」的精神，始終在思索與找尋台灣的未來方向。

＊相關研究可參考莊雅仲文〈人類學與社會運動研究〉，二〇〇一。

鍛鍊你的人類學之眼

體現 EMBODIMENT

人類學者認為，人不僅透過身體來實踐文化，也透過文化性的身體來認識外在世界，同時與這個世界互動。

展演 PERFORMANCE

展演意指人在溝通或表現文化概念時於眾人前的表現，其雖出自個人的文化認知，但會受參與者（觀眾）、情境與脈絡的影響。人類學者探索展演形塑與表述文化的過程與儀式，關注社會文化展演的意涵，以及展演作為溝通語言背後的文化脈絡。

霍卡儀式，靈媒以身體體現了殖民文化的記憶

一九八七年六月炎夏，西非尼日共和國一個名為提拉貝里的桑海人（Songhay people）小鎮，正在舉行霍卡（Hauka）儀式，召喚桑海神靈。現場空氣中瀰漫著焚燒樹脂的苦味，單弦琴彈撥出高音的嗚嗚，竹製鼓棒敲打鼓面，禱唱者吟誦古老字句，舞者的雙腳在沙丘上捲起沙塵。

混雜的聲音與氣味，將神靈帶到了阿達瑪．詹尼同古在沙丘上的院落。入口處的茅草棚下，樂手們繼續彈奏靈樂。名為甘吉碧的土地神被刺鼻的味道吸引過來，附身在靈媒身上，祂正唱著歌，賜予在場者勇氣以面對飢餓與疾病。當地神靈喜歡唱歌甚於說話，祂們的旋律徘徊在揚塵的空氣裡。

靈媒表示有三位霍卡神靈來訪，祂們模仿歐洲人的行止——被附身的靈媒們在沙地上穿梭踱步、哼唱、吼叫，用緊握的拳頭拍打自己的胸膛，唾沫從嘴角流出。一位靈媒用皮欽法語（Pidgin French）與桑海語跟在場的人對

話：「我是伊士坦布拉！伊士坦布拉，你聽到了嗎？霍卡的信徒們！」

現場彷彿看到一支軍隊：伊士坦布拉是霍卡儀式的領導者，他是統治紅海的馬力亞將軍，由步兵班巴拉．摩斯擔任侍從。「提拉貝里的霍卡信徒們，為我們的圓桌會議（Roundtable）秀出你們自己吧！」靈媒用桑海話叫喊。慢慢地，未被神靈附身的男人們，以及帶著霍卡神像的女人們，圍繞著神像形成一個鬆散的圓圈；班巴拉．摩斯在一旁確認其他靈媒都在伊士坦布拉／馬力亞將軍前「立正站好」。

事實上，「霍卡」不僅是一種儀式，也是曾經傳布整個法國非洲殖民地的一種社會現象，它伴隨著各種儀式，其中包括參與者用模仿或舞蹈來詮釋西方殖民佔領者的軍事儀式。

人類學家保羅．史托勒（Paul Stoller）認為，尼日桑海人的霍卡靈附（spirit possession）現象，與當地人對殖民年代的記憶及反抗有密切關係。從十九世紀開始的西非殖民歷史中，殖民母國透過軍事力量改變地方政治生態，將稅賦與教育加諸當地人，不僅對尼日桑海人帶來精神上的影響，也帶來身體上的烙印。桑海人曾經發起大大小小的反抗運動，在精神層面，則產生了霍卡儀式來面對殖民經驗。

史托勒對尼日霍卡儀式的研究，將焦點擺在「身體」的經驗上。在他看來，桑海人的身體成為殖民者直接施壓的對象，軍事力量的集體記憶深深銘刻在當地人的身體上，並未隨著殖民結束而消失。他指出，若缺乏「身體」作為媒介，接收氣味與聲音的刺激，這些靈附現象便不會發生。同樣地，沒有「身體」做為中介，整個霍卡儀式就沒有實踐與展演的媒介。換言之，身體作為文化的媒介，除了成為歷史的載體，也「體現」了身體裡的歷史記憶。

✔思．考．練．習．題

❶在我們的日常生活中，有哪些特別的肢體動作可以代表台灣文化？

❷當你到異地旅行，是否可以觀察出當地特有的身體語言背後的文化意涵？

參考書目：

Paul Stoller, *Embodying Colonial Memories: Spirit Possession, Power, And the Hauka in West Africa.* New York: Routledge, 1995.

第八章

蔡適任：為東方舞文化、沙漠生態發聲

人類學博士蔡適任，從東方舞教師，再轉換成為沙漠生態民宿的女主人，在堅持自我實踐的過程裡，總是能夠通過對現象的脈絡性理解，發展出創新策略以回應問題，落實對人文與環境的關懷。即使不在學術圈，人類學因子早已融入她的身體力行之中。

拐進雲林西螺一條小巷子裡，往一棟房子的頂樓加蓋走去，耳裡已聽到陌生的阿拉伯音樂裊裊傳來。頂樓的木地板上，一群女子腰部圍著縫上鈴鐺的紗裙，正專注看著一名個子嬌小的女老師示範動作，讓人恍若走入了沙漠綠洲村莊裡的女性聚會。

場景轉到台北東區一家餐廳二樓，四張長桌上陳列著北非的服飾、文物與貝類化石。另外一側約有六十個人坐著，聚精會神聆聽同一位女子分享她在撒哈拉沙漠的邊緣，如何一磚一瓦蓋起一間生態民宿。

她是蔡適任，一位沒有留在學院裡教書，卻在舞蹈與公益領域發光發熱的人類學博士。印象中，跳舞的女性總是纖瘦高挑，嬌小的蔡適任完全推翻了一般人對舞者的想像。她教舞、示範動作時，彷彿又變身成另一個人，水波般流動的優雅身形，散發強大的舞蹈能量。

蔡適任學舞的歷程從法國起步。在法國高等社會科學研究院（EHESS）攻讀人類學時，她先接觸到「佛朗明哥」舞蹈，既是寫論文時的調劑，也是結束一段感情之後的出口，「當時我想要找地方把精神投入進去。後來我了解到，佛朗明哥舞那種狂烈的生命力，像火燃燒一樣，是最吸引我的地方，卻也是我學不來的。」

就在發覺自己不適合佛朗明哥舞之際，蔡適任認識了改變她一生的舞種：「東方舞」，即普遍被歐美與台灣人慣稱為「肚皮舞」的中東舞蹈，並在學習過程中一步一步發現了它的魅力，自己的人生也因學舞而發生很大轉變。

去標籤化，為東方舞正名

「東方舞性感嫵媚、外放且強調自我展現，跟我的個性恰恰完全相反。」當時，蔡適對自己的身材與外型都不具信心，但看到一起學舞的女生，特別是阿拉伯女性，不管什麼樣的身材，都能夠盡情展現情感與肢體律動，散發生命的熱能，因而被這種舞蹈深深吸引住。

「肚皮舞」其實應被稱為「東方舞」，她解釋：「十八世紀拿破崙軍隊攻打埃及時，看到女人間私下進行的傳統舞蹈，因而稱它肚皮舞，但他們卻沒有看到老祖母與小孫女一起共舞的場景，所以對這種舞蹈產生了偏見。」

百工裡的人類學家

蔡適任：「或許是來自人類學的訓練，我一直追求能打動人性共通處的東西，也相信人性共通，若能跨越文化障礙，人可以發現異文化間的距離不如認知中遙遠。」——引自《偏不叫她肚皮舞》

- 東方舞教師、摩洛哥沙漠「天堂島嶼」生態旅遊民宿創辦人、旅行規劃人、作家
- 堅持學東方舞得要理解背後文化脈絡。在撒哈拉沙漠打造生態民宿遊程，用生態經濟力量守護沙漠生態文化
- 出版：《撒哈拉，一片應許之地：一位人類學者的另類旅遊實踐記事》、《沙漠化為一口井：我所知的三毛的撒哈拉》、《鷹兒要回家》等書
- 天堂島嶼：http://www.iledeparadise.com/
- 天堂島嶼．撒哈拉．蔡適任臉書：https://www.facebook.com/jaladesert

帶著殖民偏見的法國士兵，將這種有許多腹臀動作的埃及東方舞稱為「肚皮舞」；人們一想到近東區域的舞蹈時，腦中也大多會浮現妖嬈豔麗的「肚皮舞」，這其實是歐美影視作品中建構起來的刻板印象，扭曲了舞蹈在近東地區日常生活裡的角色。

蔡適任偏不叫它肚皮舞，還特別寫書正名為「東方舞」（danse orientale）——這是她在巴黎習舞時，舞者們對於這類舞蹈的通稱，源於直接翻譯埃及詞彙Raqs el Sharqi。對大部分台灣人來說，聽到「東方舞」可能會先聯想到「中國民族舞蹈」這一類遠東的舞蹈，但東方舞指的是歐洲東方的阿拉伯世界，也就是所謂的「近東」。

蔡適任人類學的背景讓她擅於考據脈絡。「東方舞」其實是非常古老的民俗舞種，在北非伊斯蘭與中東阿拉伯世界，隨著各地社會與歷史脈絡而有相當多元的發展。基本上是伴隨音樂，流暢連結頭部、手臂、胸部、肩膀、臀部五大部位的細緻動作，強調樂舞合一、即興色彩濃厚，在婚禮、生日、嬰兒出生、假日節慶等歡樂場合都可以一起跳，沒有色情元素，動作甚至可溯古至模仿分娩動作、禮讚生命傳承的宗教儀式。

「阿拉伯女性平常在家聽到音樂時，會隨興致而起，自然地跟著音樂舞動身軀，平時是穿著袍子跳舞的！」她強調不應把東方舞與「性感」做過度的連結。在她看來，「肚皮舞」這個刻板的文化標籤，不僅簡化了東方舞的意義，淺碟化了這種舞蹈的藝術性與美感，也沿襲了殖民主義者的有色眼光。

跳舞吧！「身體」就是另一種田野

她一邊寫博士論文，一邊栽進了東方舞的世界，更陸續在歐洲幾次東方舞比賽當中獲獎。二〇〇六年，她一舉拿到了第三屆法國巴黎東方舞公開賽第三名、第三屆德國柏林東方舞國際公開賽職業組第三名，與第一屆比利時布魯塞爾東方舞國際公開賽職業組第二名。她的博士論文卻跟東方舞毫無關係，探討的是雲林縣口湖地區的「牽水（車藏）」，這是當地居民為了緬懷與超渡一百多年前於水災罹難的先民們所發展出來的祭儀。蔡適任因此用「外

1

2

3

1-3 蔡適任說東方舞是她在巴黎攻讀人類學博士的「外遇」，後來成為她自我實踐的方式。

遇」來形容當時一邊學舞一邊寫論文的過程——對她來說，人類學的田野調查與民族誌論文寫作，是知識上的追求，也是一種對外的探索與連結，滿足了她內在的渴求；但東方舞在她生命中的分量卻越來越重，融入音樂舞蹈時那種生命本質的真誠綻放，回應了她靈魂底層的渴望，舞蹈逐漸成為她與世界連結的方式。

人類學的訓練，讓她學舞不是只學動作，更勤上圖書館、博物館、電影院找資料，了解東方舞背後的文化與生活，認識阿拉伯音樂的特色與節奏性要素。「因為學舞，我無意間打開了一扇窗，滿眼奇異精彩的風光；與舞蹈緊緊連接的，是音樂，是身體，是線條，是情感，是深淺濃濃的色彩，是歷史，是文化，是人與自然的關係，是一段前所未知的故事與風景……。當舞蹈取代了論文最重要的角色與功能，我的『淪陷』也就成為了無法避免的宿命。」讀到蔡適任在《管他的博士學位，跳舞吧》一書所寫的這段文字，讓我想起她授舞時神情嚴肅認真，即興跳起舞來眼神嘴角卻自然流露笑意，不難理解她為何捨棄學術殿堂、走向舞蹈聖殿——透過東方舞，她的身體已成為研究文化與自身的「另一種田野」。

東方舞、阿拉伯文化的中介與轉譯

二〇〇八年，蔡適任帶著博士學位與歐陸舞蹈比賽的得獎榮譽回到台灣。她清楚自己無心走入學術界，也清楚自己要做的不是學院裡的人類學家，而是要用舞蹈教育來完成人類學家的天職，期許自己成為文化的中介轉譯者。

當時，她正好趕上了台灣社區大學的風潮，落腳台北後加入了文山社區大學，開設「東方舞」課程，傳授最正統的「東方舞」，同時帶領學生認識阿拉伯地區的文化。之後也開始在板橋、大安、永和、北投等社區大學任教，並於台大性別與肢體開發課程教授東方舞。

台灣坊間的肚皮舞教學，較著重技巧和舞碼，相較之下，蔡適任的東方舞教學不像是舞蹈課，反而像是一個文化人類學的教室。在她的認知裡，「我們不可能學習一種異國舞蹈，卻完全忽略它的文化與歷史。」她清楚自己想要結合舞蹈與人類學的視野，讓學員不僅能學習到舞步與舞姿，更要了解為什麼東方舞要這樣跳？背後原生的社會文化脈絡又是什麼？她會在課堂上播放影片，帶領同學觀察埃及人、土耳其人怎麼跳東方舞，分享自己與阿拉伯老師學舞的經驗，講解音樂節奏和樂舞合一的重要。「即興」，尤其是她強調的重點之一。

蔡適任說，東方舞從一開始就充滿即興的精神，跟音樂的關係緊密。她在巴黎學舞時，即便身體的技巧已很熟練，但一直要等到自己能夠掌握音樂的特殊性，並且能隨之即興起舞時，才真正感受到自己在舞蹈中完全地解放。

對蔡適任來說，即興發揮代表了對東方舞的融會貫通，也才能進一步發展出自己的特色，「更深層的意義是，你的身體體現了個人經驗與社會文化的關係，當你能夠即興跳舞，和自己的對話也就更深一層，得以探索一個平常不熟悉的自己。」

人類學式的工作坊創新教學

人類學在台灣向來是較冷門的學科，蔡適任在社區大學結合舞蹈與文化的授課一樣也必須面對嚴峻的市場挑戰。由於來選舞蹈課的多是上班族，他們對「東方舞」大多還是抱持著肚皮舞的刻板印象，未必能立刻體會蔡適任「透過舞蹈認識文化」的用心。「一開始試教時，學員都很喜歡我把文化與舞蹈結合起來，但後來很多人還是只想學舞碼。也有些學生是抱持著要運動或減重的心情來上課，或是為公司尾牙的表演而學，對舞蹈背後的文化完全沒有興趣。」由於社區大學必須自行面對營運的挑戰，開課老師也須分擔招生壓力。蔡適任不願背離教學初衷向市場妥協，加上未來還有前往北非的計畫，二〇一三年底，她決定回到雲林西螺老家，改採「工作坊」形式教舞。她善用網路宣傳，將不利的環境條件轉換為優勢，強調教學的獨特性以做出市場區隔，用創新的策略找出自己的藍海。

在課程設計上，她把自己當成一名人類學家，要讓學生進入東方舞的「意義之網」。「工作坊」每週末開課，每次課程為期兩天，這兩天不只學舞，也為學員準備影片，先認識東方舞每一種分支的土地脈絡以及實際的運用場合，掌握基本常識之後再開始學舞。跳完舞，帶著學員繼續看相關影片，並針對舞蹈的內容作討論。

在開課前一兩個月，她就先規劃好週末工作坊的主題，比如「埃及東方舞入門」、「Baladi音樂聆聽與即興引導」、「即興與編舞創作引導」、「埃及電影與舞紗」等，採取小班制，兩人開班、五人額滿。對蔡適任來說這是最理想的教學規模與形式，既能做好充分準備，又能兼顧每一位學員的學習狀態，讓教學細膩而深入。

學員Lilian分享她從二〇〇九年開始跟著蔡適任學舞的心得：「蔡老師的舞蹈是往內走的，要求我們去欣賞自己的身體，而不是去背舞碼。對我來說，跳舞更像是一種認識自己、和自己心靈對話的靈療過程。她的課是無法被取代的。」

身為東方舞的文化中介者，蔡適任對課程內容的堅持，培養出一批願意追隨她學習舞蹈及背後文化的學員，專程從外地來上課，成為工作坊最重要的學生來源。從二〇一四年下半年到二〇一五年的上半年，工作坊的人數越來越穩定，證明她做了一個正確且聰明的決定。

為沙漠生態、游牧文化發聲

二〇一〇年，蔡適任遇到舞蹈教學的撞牆期，在現實與理想教學型態衝突之際，她選擇按下暫停鍵，跟著浩然基金會一起做海外服務。她原本希望到埃及當志工，期待能藉機對埃及的東方舞做田野調查，但基金會看重蔡適任的法語能力，安排她到同樣講法語的摩洛哥做人權相關服務工作。在這十三個月期間，她走訪摩洛哥多個地區，也延續對舞蹈的興趣，把握各種可以接觸摩洛哥舞蹈的可能，並遇見她那位在網路上代號「貝都因男人」的「關鍵報導人」，擔任她的導遊（後來成為她的夫婿）。透過他的協助，她打入了當地社會，並以沙漠綠洲聚落梅祖卡（Merzouga）為主要據點進行田野調查。

「當地貧窮不是因為人不努力，而是環境讓人無法從貧窮翻身。」沙漠中所見一切，帶給蔡適任相當大的文

生態旅遊與「天堂島嶼」

根據國際生態旅遊協會（The International Ecotourism Society）的定義，「生態旅遊是一種負責任的旅遊，顧及環境保育，並維護地方住民的福利。」要辨識是否為生態旅遊，可從以下原則去判斷：

1. 必須採用低環境衝擊之營宿與休閒活動方式。
2. 必須限制到此區域之遊客量。
3. 必須支持當地的自然資源與人文保育工作。
4. 必須儘量使用當地居民之服務與載具。
5. 必須提供遊客以自然體驗為旅遊重點的遊程。
6. 必須聘用了解當地自然文化之解說員。
7. 必須確保野生動植物不被干擾、環境不被破壞。
8. 必須尊重當地居民的傳統文化及生活隱私。

蔡適任在摩洛哥沙漠建造天堂島嶼民宿，就是希望推動對人跟土地都更友善的觀光旅遊方式，達成經濟上的自給自足，改善游牧民族的生存，進而一步步朝理想邁進：「照顧需要照顧的生命，期盼大水再來、自然生態恢復，種植棕櫚樹以綠化沙漠，以生態旅遊形式帶領遊客領略沙漠之美，麥田復耕與糧食自足。」

資料來源：台灣國家公園網站、JalaDanse蔡適任臉書

蔡適任找來聚落裡的村民幫忙建造民宿，並在周遭的廢棄麥田種下棕櫚樹苗。

化震驚。因全球暖化、沙漠嚴重乾旱，許多游牧民族窮到一無所有，唯一的生計來源就是靠觀光。但觀光產業是兩面刃，衝擊沙丘脆弱的植被生態和傳統游牧文化，大量工業垃圾造成環境污染，許多旅館自行鑿井取水以供營運所需，卻嚴重消耗了沙丘的地下儲水，使得農民灌溉用水不足。當蔡適任在當地進行田野調查，也開始思考自己能為這個地區做些什麼？要如何將他們的聲音、需求和困境傳達出去？又該怎麼把資源帶進來？

除了文字，她用鏡頭忠實記錄下這些聲音，完成紀錄片《帶走沙丘》，讓外界有機會看到當地人民的困頓與渴望。返台後，她於二〇一三年在線上募資平台Flying V發起「守護小王子的撒哈拉」計畫，成功募集足夠資金，於隔年前往摩洛哥撒哈拉沙漠地區待了五個月，詳實記錄下梅祖卡地區的文化與生態樣貌。

用人類學視野，設計公益旅行

在頭兩個月期間，蔡適任遭遇了很多規劃之初沒有預想到的現實問題。按照募資計畫的設定，她帶領了一五人的公益旅行團到摩洛哥旅行，成員包括跟她學舞的學生、友人和臉書上的朋友。蔡適任希望採用對環境最友善的方式來旅行，比方說，只搭大眾運輸系統、不住飯店而住沙漠民宅、享用道地私宅家庭菜餚等。她希望團員能對沙漠文化有更豐富的認識，帶著他們去認識住在帳篷土宅的撒哈拉游牧民族，親自體驗沙漠人民的真實生活。

要像人類學家一樣融入異地，這樣的旅行設計對於一般人來說的確是挑戰，光是在沙漠地區洗澡用水要節制，就讓女團員很無法適應；畢竟，不是每一個人都有人類學訓練，可以用民族誌田野調查方式來體驗一個遠離家園的陌生地。這段經驗讓她深刻體驗到，「公益旅行這件事要很小心，多數人來到摩洛哥的沙漠地區還是抱持著度假的心理，這是我之前沒有想到的。」

「十四天的旅行過程中，一開始只有四天在沙漠，後來團員又自願多延了一天。回來之後，他們也說最懷念的其實就是沙漠的行程。」蔡適任欣慰自己安排深度體驗的苦心，終究能為團員帶來珍貴回憶。

除了公益旅行，募資計畫也規劃了以「公平貿易」方式帶回沙漠地區的婦女手工藝品回台灣販售，例如織品。雖然帶回一些工藝品，但對於幫助沙漠婦女和她們的家庭而言，卻不夠有效率，一方面她們缺乏對於市場的想像，品質上無法控管，很難製造出具有市場競爭力的織品；此外，台灣民眾對於摩洛哥缺乏想像，難以喚起對於沙漠產品的興趣。這些現實面的挑戰在在告訴蔡適任，她勢必要轉換方式來完成自己心中對於當地的關懷。二〇一四年中她再次回到沙漠，下決心動手打造一家生態民宿。

生態民宿，發展原生經濟

「蓋民宿似乎是一個最合理的選擇。」蔡適任用「修補拼貼」的

蔡適任對現象進行整體脈絡性的理解，重新定義問題，找到創新角度做出改變

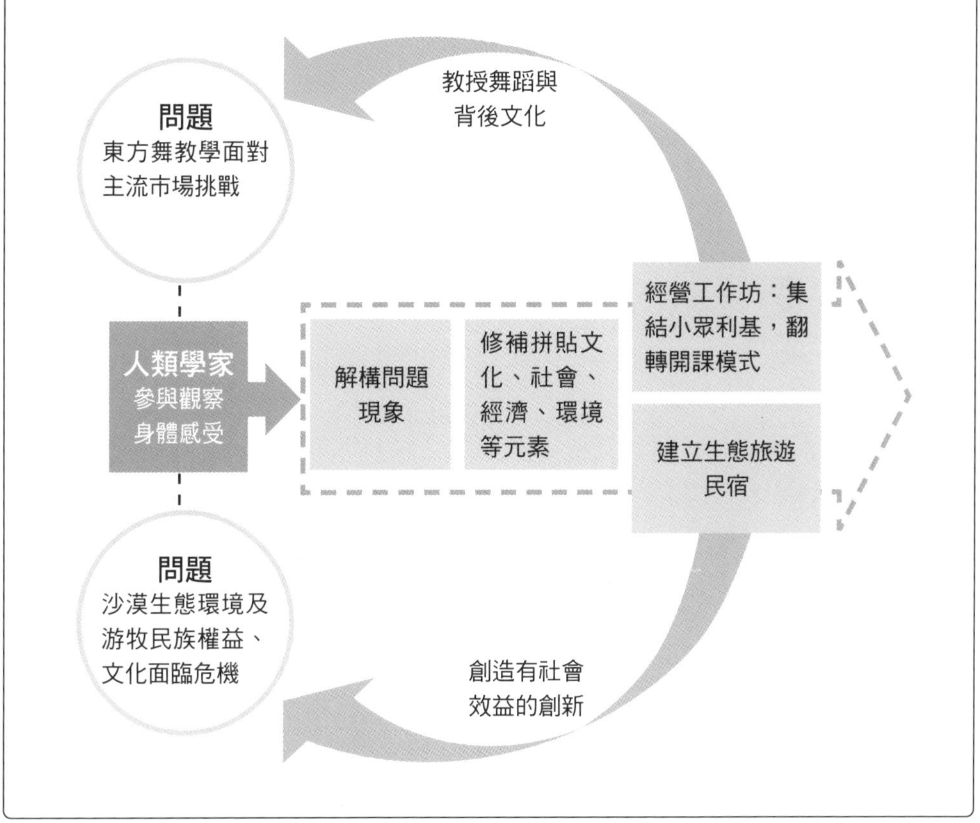

思維模式，評估後做出這個決定。她希望以民宿為起點，幫當地創造出維持生計的機會，並以不同於主流市場的觀光旅遊方式，回應在地的生態與人文危機，長期目標則是要「護育沙漠生命與文化」。來自人類學訓練的敏感度告訴她，若走資本主義式的旅遊路線，當地不僅缺乏本錢和觀光旅館競爭，也會對當地文化造成無可挽回的傷害。唯有讓當地人一起主動面對外在世界的需求，同時讓內部得以調適並發展出相對應的「原生經濟」，才能降低文化的衝擊，並讓當地生活得以改善。

蔡適任堅持要蓋一家對環境友善的生態民宿，「我們選擇了土牆房，而不是水泥房。土牆雖然比較厚、占據較大面積，但跟水泥房比起來，建材比較環保、冬暖夏涼，成本還比水泥房本少了一半。」

她先找工人挖井、種下棕櫚樹以保護水源與生態，接著請當地匠師蓋房、裝潢。但在摩洛哥即便找到了匠師施工，所需建材卻得要自己去訂貨和搬運，她和當時還是男友的另一半開車到處尋找蘆葦、木材與塗料等建材。

至於建築的形態，蔡適任決定要蓋一間「回」字型的建物，牆高也比一般民宅高些，這樣抵禦沙塵暴的效果比較好。有了主體建築，還要有相對應的裝飾，她注意到當地以「窗戶」作為旅館與民宅的區別，便特別到處考察，請施工匠師做出美麗的窗飾，漆上最能代表當地文化的色彩。

二〇一五年，蔡適任再度於募資平台發起「天堂島嶼：在撒哈拉創造福爾摩沙」，要帶著台灣人的愛心回到撒哈拉沙漠。她計劃繼續種植棕櫚樹防風沙、保護地力，未來還要在民宿附近發展「綠洲農耕」，種植旅客所需的綠色蔬菜，並在院子做一個生態池。她期待，來自台灣愛心資助所建設的一草一木，不僅為沙漠帶來綠化的景觀與生氣，也是撒哈拉沙漠與台灣最直接的連結，希望能吸引更多人來體驗生態旅遊和當地文化。「撒哈拉好像離台灣很遠，但那裡面臨的經濟、生態挑戰其實是全球性的議題，我想要積極回應這個議題，這就是我現在想做的事」。

挖掘厚數據

表演藝術與人類學

表演藝術作為人類文化的表現方式之一，很早就成為人類學家關注的項目。

早期，在部落、原初社會或是鄉民社會做田野調查的人類學家，都注意到研究對象的音樂、吟唱或舞蹈與「儀式」有密切關係，所以人類學家在進行表演藝術研究時，往往先從宗教儀式的角度切入。具有音樂或表演藝術專業的學者，則發展出「民族音樂學」，透過專業的音樂採集與樂理分析，記錄不同民族音樂類型的特色及主題，協助人們從樂理的角度來認識這些民族的文化。

儀式與表演藝術關係深遠

當代研究表演藝術的人類學家，會從所觀察的舞蹈、音樂中去探討這個社會的現狀，或是正在發生的文化變遷。舉例來說，在人類學學者蘇堂棟（Donald Sutton）與林楓（Marc L. Moskowitz）眼中，台灣的宗教儀式其實有很濃重的表演藝術色彩，例如台灣廟會神明出巡時的八家將，以及喪禮上的電子花車女郎，都表現了傳統儀式隨著社會發展而變遷，表演元素在宗教儀式中變得越來越重要。

人類學強調「經驗」與「同理心」的重要性，深入認識表演主題背後的文化脈絡，加強自己對於表演主題的理解與想像，都能提升表演者的表演層次。全球知名大提琴家馬友友曾在哈佛大學攻讀人類學，他就對媒體說過，那段時間人類學對他心靈的滋養與啟發非常重要。

人類學家民族誌式的厚數據資料收集方式，也能應用在戲劇教育上。台灣的自由戲劇教育工作者陳韻文，曾於台南大學戲劇創作與應用學系任教，她就讀台大時也曾到人類學系修課。在她與台南新化楊逵文學紀念館的合作中，就收集在地的考古與民族誌等厚數據，發展她「戲劇博物館」計畫，用創新的手法帶領在地青年，透過戲劇的方式重新認識新化地區的歷史與文化。

鍛鍊你的人類學之眼

照護地景
CARE SCAPE
人們獲得和利用照護的社會、文化和空間環境。

關係性
RELATIONALITY
人並非孤立的存在，而是與他人、地方和事物有著複雜的聯繫。這些聯繫可為他們提供支持和意義，也可能帶來挑戰。

跟著人類學，看見不同社會裡的老年與照護

在日本一家名為「櫻花之家」的老人照護中心裡，長者們面臨不同程度的認知症或身體功能衰退等照護需求。照護人員需要為他們制定個別化照護計畫，協助飲食、沐浴、排泄、服藥等、復健。但短缺的人力，總是讓照護人員過度勞動，疲於奔命。

人類學家詹姆士・萊特（James Wright）觀察到櫻花之家近年來積極導入機器人技術，照護人員期待機器人能分擔照護負擔，讓他們有更多時間陪伴長者。例如運用Hug機器人協助長者移位，減輕照護人員負擔；藉由外觀似小海豹的Paro機器人提供陪伴，紓解長者孤獨；Pepper機器人提供娛樂與互動，促進長者社交。萊特認為日本的流行文化助益了機器人的使用，但也注意到機器人難以辨識長者的表情和語氣，也難以理解長者的意圖。機器人雖然可以幫助照護人員完成一些簡單的工作，但卻無法提供長者所需的情感關懷。

在印度的瓦拉納西，一些家庭常被冠上不肯照顧老人的「壞家庭」（bad family）標籤。人類學家羅倫斯・柯恩（Lawrence Cohen）則分享了當地七旬老婦人薩維特麗的故事。薩維特麗與兩個兒子及其家人住在當地一棟擁擠的房

子裡，她越來越依賴家人幫助她完成日常工作，但也怨恨他們干涉她的生活。兒子們經常爭論誰負責照顧她，有時會忽視她的需求。然而，他們也表現出對母親的愛和關心。有一次，薩維特麗摔倒受傷並住院了。兒子們團結一致照顧她，當她最終康復時，他們感到鬆了一口氣。這個故事突顯了印度家庭在老年照顧上的複雜性。雖然家庭內部可能存在緊張和衝突，但也有強烈的責任感來照顧老年成員。「壞家庭」的刻板印象無法捕捉這種細緻入微的現實。

在義大利的米蘭，人類學家席琳．華爾頓（Shireen Walton）觀察到智慧型手機在當地老年人生活中的作用。她記錄一位名為瑪麗亞的阿嬤，已經七十二歲了，雖然一開始對於智慧型手機非常排斥，但在家人的鼓勵下，她開始運用手機聯繫朋友、看新聞、預約服務，進而感覺自己並不因為年老而被社會排除在外。在孫女的建議下，八十歲的退休木匠朱塞佩開始使用智慧型手機錄製自己的故事，並且發現自己非常享受這個重溫回憶的過程，也透過社群網站和更廣泛的觀眾分享。他甚至開始嘗試不同的講故事技巧，為節目添加音效和音樂。最終，朱塞佩的數位說故事成為一項家庭活動，也被更多人聽到。這兩個小故事挑戰了人們對於老年人拒絕使用科技的刻板印象，更展示了智慧型手機對他們生活可能產生的積極影響。

人類學學者目前也積極投入高齡研究領域，用田野調查發掘各社會中對於「老」之文化性的獨特理解，看見不同社會在照顧老人上的不同做法，以協助推動更友善的高齡服務。

思．考．練．習．題

❶我們身處的社會之中，對於「老」有什麼獨特的理解方式？又有什麼獨特的照顧方式？

❷我們身處的社會之中，有哪些具體的空間環境、社會制度、文化傳統影響了老人們的生活？

參考書目：

James Wright, A. *Robots Won't Save Japan: An Ethnography of Eldercare Automation*. Princeton, NJ: Princeton University Press. 2023.

Lawrence Cohen, *No Aging in India: Alzheimer's, The Bad Family, and Other Modern Things.* Berkeley: University of California Press. 1998.

Shireen Walton, *Ageing with Smartphones in Urban Italy: Care and Community in Milan and Beyond.* London: UCL Press. 2021.

第九章

陳懷萱：以劇場為中介，跨代共融探索老年

擁有人類學與戲劇專業的陳懷萱，在台大的創新設計學院任教，更親身走到學院外，在社區大學開設以老年為主題的課程，作為參與觀察的田野場域，並透過劇場結合人類學，帶領大眾思考如何面向超高齡社會的未來生活。

「你們走著走著，想像自己穿越一條時間隧道，現在走出了洞口，你已經不是大學生的年紀了，而是成為了七十歲的自己。請看看在你身旁左右的『老人』，有的彎腰駝背，有的瞇著眼睛看不清楚周遭，來，三、二、一，定格！想一想，你對老人的印象從何而來？」在被鏡子環繞的排練空間裡，陳懷萱正引導現場的大學生連結身體展演與生命經驗，反思華人社會中想像與建構老年族群的方式。「我們的社會很害怕去『談老』，需要有一個方法引導大家好好地去想『變老』這件事，也把自己想要的老年生活說出來。」陳懷萱說。

在成為人類學家之前，陳懷萱在輔仁大學唸英文系，而後在台大唸戲劇學研究所，這個階段為她奠定了對於儀式、表演、劇場的濃厚興趣。之後有機會就讀美國紐約哥倫比亞大學社會文化人類學研究所，便開始結合自己對於文化與劇場展演的研究興趣，以阿美族豐年祭為研究主題。而後再轉至威斯康辛大學麥迪遜校區攻讀人類學博士學位，透過田野調查並結合地理學、表演研究等跨領域視野，探討西南中國邊境的觀光勝地麗江，如何成為包括少數民族、流浪歌手、移居者乃至國家與市場力量等建構文化認同的舞台。

「展演與社會」一直都是陳懷萱在學術生涯前半段重要的研究主題，沒想到日後這會成為影響她在職涯發展實

踐社會關懷的重要因素。

於社區大學打開老年田野

從美國返台之後，陳懷萱成為「百工裡的人類學家」（以下簡稱「百工」）共同創辦人，同時也在找尋自己如何能讓人類學本身發揮更大的應用性。在二〇一五年舉辦完「百工」的「原來我們都不知道如何變老」講座之後，她也逐漸將目光轉向「老年」，卻煩惱著如何找到可以展開「老年」田野實作的場域：「我沒有醫學、護理或社工背景，沒有醫療與社福機構的相關網絡，所以很難從這個部分進入找到田野。」

在她印象中，台灣的社區大學似乎會是個接觸長輩的地方，便主動提出自己的「打開人類學之眼～共感垂老的世界」課綱向新中和社區大學申請開課，但審查課程的人員看完課綱後，建議她轉投永和社大，認為那邊的學員人口結構對於知識型的課程會比較有興趣。這是一門以人類學為方法來探索老年意涵的課程，永和社大的審課委員們除了從社大學員選課特性給予意見回饋，也擔心原課名給人嚴肅、沉重的印象，最後課名便改為

百工裡的人類學家

陳懷萱：「劇場與人類學的共通性在思考相遇與對話的意義。創造相遇、創造連結，劇場是我的方法，人類學是裡面很核心的視野。」

- 「百工裡的人類學家」平台共同創辦人，任教於台灣大學創新設計學院創新領域學士學位學程
- 擁有戲劇與人類學背景，關注在地展齡與青銀共融機制的設計，持續透過展演來深化社會實踐
- 美國威斯康辛大學麥迪遜校區人類學博士、台灣大學戲劇研究所碩士

本章照片提供／陳懷萱

「創造連結：老後人生補給站」。

有別於一般課程仰賴老師的專業技能進行「教」與「學」，陳懷萱是從人類學多元文化的視角出發，藉此尋找與建立共同探索老年課題的學習社群，採取做中學與共學模式的設計，顯得非常獨樹一格。

文化震驚下的授課新體驗

進入到永和社大這樣一個全新田野場域，陳懷萱碰到了不小的「文化震驚」。她發現原來社區大學是向大眾混齡開放，學生的構成多元，有退休後幫自己安排成長課程的長輩，有沒機會上普通大學但仍然想要進修的中年家庭主婦，甚至也有還沒上大學的高中生，各自懷抱不同的學習動機，加上學員常會有因為生活狀況影響出席的情形，所以教學方式以及使用的語言都需要調整。在十八週的課程當中，陳懷萱選擇以主題式的課程設計來帶領同學，進行翻轉老年的文化基礎工程。她規劃了「觀影思老」、「老的價值傳：傳家寶的物件敘事」、「人生如歌；我的人生主題曲記憶敘事」、「創新力：銀髮社會創新的社會脈絡」等多樣化主題，讓大家有機會去認真思考關於「生死」、「安老」的課題。「我的學生們主要是快要退休或已經退休的高齡社會先行者。他們生命經驗很豐富，但需要做很多打開互動的引導設計，讓他們可以彼此連結與對話，我也從中得到很多寶貴的生命經驗分享。」

而在陳懷萱眼裡，社區大學更是一個讓N種人可以「在地安老」的重要空間。如同她在自己部落格上所說：「對學員而言，社區大學是理想共老的社區生活場域。今天家庭養老功能歷經社會變遷正在逐漸弱化，特別對於都會區長輩而言，來社大『終身學習』更像是加入一個社區，很容易就形成一種凝聚力，創造出居住在『家園』裡的歸屬感。」

陳懷萱認為，安老無法只靠獨善其身或被動等待高齡服務，而是需要生命在不同階段的人相互支持，因此社大混齡共學環境所編織的在地人際網絡具有非常重要的意義。「在社大透過這樣的課程，創造了彼此分享交流不管是自己或親友的、作為照顧者或被照顧的經驗感受，這些多元的敘事觀點，是在幫助自己面對生命轉折時很重要的參照，這個共學的過程，也是在建立自己的安老可能性。」

《劇作老年》工作坊：同理共感高齡樣態

當我們缺乏長輩的身體、心理、經驗，該如何「以身為度」真正去理解對方？「劇場」是陳懷萱給出的回答。在二〇一六年，陳懷萱與擁有人類學經驗和戲劇教育專業的自由戲劇工作者暨獨立學者陳韻文一起開發了《劇作老年》工作坊，希望能帶領參加的學員透過戲劇訓練的方式，更能去想像自己年逾花甲的模樣以及想要的生活。這樣一種以戲劇體驗老年的方式看起

《劇作老年》工作坊
以戲劇作為老年社會田野觀察工具

單元1 戲探老年

人類學視野對老年田野現象的「觀察」與「詮釋」

◎加入時間向度，學員分組演繹、
觀看所創造之老年角色身心狀態的演化。

單元2 戲創ㄈㄨˇ老

視角轉換，深化對高齡者身心需求與社會關係的同理

◎扮演各組老年角色生活中相關人物，
拉開空間距離，想像對方身心所需的設計或服務。

單元3 反身劇做

學員出戲，連結思考自身的老年

◎學員連結個人生命經驗，將前兩階段所得養分，
用於思考自身面臨老年的準備。

將劇場轉換成高齡議題的文化體驗場

來與人類學沒有太大的關係，但創意源頭其實來自於陳懷萱對於人類學田野經驗的反思，以及過往劇場中做角色功課的經驗：「人類學家不可能在進入田野前就知道或掌握所有的在地經驗，但可以透過像是演員一樣做『角色功課』來揣摩，想像當事人可能經歷過的事情、腦袋裡擁有的思維方式與價值觀，或是身體可能用什麼方式來行動。」

《劇作老年》工作坊共有三個單元。第一個單元「戲探老年」是進行角色創造，並用人類學視野來發展觀演關係。首先以「小學同學會」為場景，讓學員從中進入到討論老年議題的框架裡。學員被分成五組，每一組分別對應一個來參與同學會的高齡者角色，兩位老師會提供一些基本的設定，但角色細節則交由學員共同創作，像是家人的狀態、退休後常去的地方等等，這個讓角色長出血肉的過程，有助於想像不同個人背景脈絡下會衍生出的生活型態以及對於老年生活的價值觀。接著各組再設定該角色在之後十年內所經歷的「生命轉捩點」，陳懷萱分享背後的想法：「你在變老的過程當中一定會經歷到一些很重要的轉捩點，退休、孫子出生、喪偶、受傷、生病都是。我們把時間的向度設計進去，然後去探討這樣的身心狀態與生活方式又會有什麼樣的變化。」在兩位老師的引導下，每一組輪流上台，用身體姿態來演繹這個角色生命歷程變化下身心狀態的演化；而台下學員成為觀眾，一起思索透過角色展演「看見」了什麼，又可能「誤會」了什麼。這個觀演關係不只是形成了劇場對話空間，也藉此帶大家體會人類學視野對於田野現象「觀察」與「詮釋」之間思考與分析的過程。

在第二個單元「戲創ㄈㄨˇ老」（可以是服老、扶老……），則是拉開空間距離，做立體化的視角轉換。學員們選擇一個跟該組角色生活有關的身分，譬如想像自己是該角色的子女、里長、居服員等，陳懷萱在舞台中間擺放椅子象徵「個案角色」，讓學員們開始從各自設定的身分或專業，想像該角色所需要的照顧或是服務，以及與對方的互動情況。從第一單元到第二單元，因為經歷了視角的轉換，各組對於「個案角色」的身心需求與社會關係更能夠同理。

1

1 陳懷萱在台大帶課程會運用戲劇方法來引導思考。
2 2021年在原型樂園的參與式劇場作品《未來相談室》中，陳懷萱扮演「人生預測師」與青年觀眾對話。攝影／林育全。
3 陳懷萱透過「創造連結：老後人生補給站」課程在永和社大進行翻轉老年的文化基礎工程。

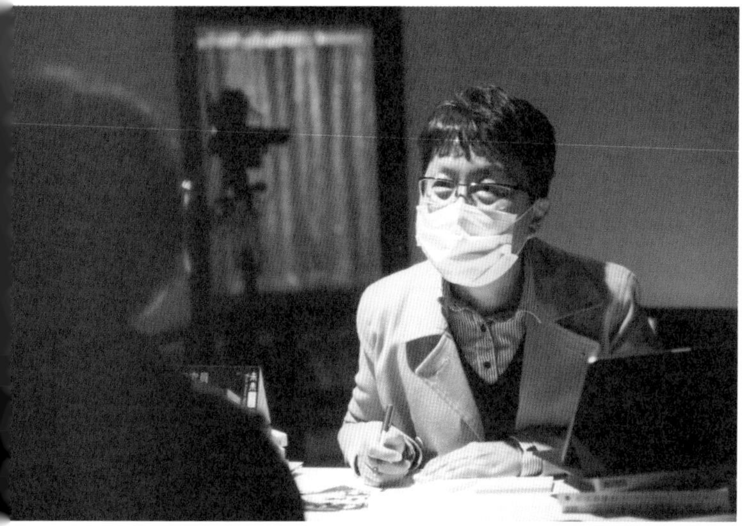

2

3-1

3-2

第三個單元稱為「反身劇做」，讓學員出戲連結自身的老年。透過前兩個階段所獲得的養分，兩位老師引導大家去思考自身的老年會是什麼形象、想要的老年生活是什麼模樣、自己的臨終時刻又是如何。

《劇作老年》很重要的意義在於把「時間變化」這個向度加到設計思維中，試圖從全貌觀幫助參與者思考不同老年身心狀況與社會關係的複雜需求。這樣結合戲劇與人類學視角來引導大眾共同探討老年議題的成果，連帶開啟陳懷萱後續與許多藝術單位的合作。

《青銀有約》：在中介的環境推進對話

二〇二二年，兩廳院藝術推廣組邀請陳懷萱合作《青銀有約：TIFA看戲特別企劃》，這是一個以演出作品為媒介，打開青銀觀眾對話空間的藝術共融實驗計畫。活動設計主要是結合「演出欣賞」及「議題探討」規劃出系列工作坊，招收六十名青銀夥伴（青、銀成員各半），藉由三場演出與三場相應的工作坊，探索青銀跨代間對於不同生命關係的思考與期待。

如果說「青銀共看戲」是一個集體儀式的現場，那麼如何利用儀式過程所產生的「文化衝擊」來創造共同體驗的連結意義，是陳懷萱在進行工作坊設計的挑戰。跟著青銀成員一起觀賞每場演出也是個田野觀察的場域，她必須一方面留意觀眾共同的經驗感受，一方面記錄台上演出的重點元素，才能夠在演出結束後重新調整原先設計的工作坊流程，並加上引導學員產生對話的關鍵台詞。

以二〇二一年所挑選的《群像》（現代舞，由史蒂芬妮．雷克編舞，台灣五十位青年舞者演出）為例，該舞作隱喻性地表演出社會中的暴力、合作、親密、對抗等主題，引領觀眾思索個人在社會中的集體經驗和我群關係。在演出後隔日進行的「Let's Dance─有點黏又不太黏的關係圓舞曲」工作坊中，她便以差異的比較觀點作為設計重點，帶大家體驗「同中見異，異中求同」的意義。例如，在「選邊站」單元，她把活動空間切割成正反兩邊，針對

量身訂做的劇場應用

揚生慈善基金會、臺北醫學大學人文創新與社會實踐計畫等機構，都曾邀請陳懷萱協助他們的工作人員或是師生透過戲劇體驗的方式打開思考老年的契機。這些人員都要進入由高齡長者構成的場域提供服務或是進行研究，這很類似人類學的田野工作，但卻需要更快融入在地群體之中，或是對當中長者有更快速的理解。在陳懷萱看來，傳統的人類學田野工作中所蒐集到對於觀察對象生活裡各種複雜交織的線索，是可以透過戲劇演繹的過程來設計思考的，在虛實之間，建立分析田野資訊與展開多元互動的策略，作為回應文化震驚以及產生社會信任關係與連結的實踐途徑。

●讓老年的多面向被看見

陳懷萱也認為以戲劇工作坊來帶領民眾認識老年、體驗老年，其實在凸顯老年的多元價值，讓老年的多面向更容易被看見，而不只是過度快速地將「老」貼上負面標籤。這樣的想法其實來自於她對於現有老年同理心設計的觀察與反思：「我看到許多長照人才培育過程中，會用穿戴方式來讓學員感受老年身體的不便，這雖然很容易就讓人體會到年老時身體不適的狀態，但老年身心需求是與社會連動的，當同理心的設計只有聚焦在體驗與理解特定生理狀態的長輩處境，反而容易造成老的刻板印象。戲劇是關乎人、發於人，我們能夠藉戲劇來思考老人身心乃至社會參與需求，這能幫助人們從身體經驗獲得『同理心』，也更能理解現實生活中所遇到的長輩們，以及他們所遇到的場景與問題。」

透過量身訂做的編劇與集體性的創作，陳懷萱在不同機構之中，針對不同場域、根據不同地方的人物原型，來設計工作坊的戲劇角色，亦把合作單位所要面臨到的挑戰設定成情境或場景來看待。這樣的好處是能從長者「生活圈」的角度，去發想社會創新的可能。

「時常到兩廳院看表演」、「會說謊」、「國家有難會挺身而出」等問題，引導青銀夥伴一一選邊表態。遊戲的設計看似簡單，但大家在身體移動的過程中，也開始感受到自身作為多數或是突然成為被多數關注或排除的少數時，心理狀態的變化。在「廿四小時的生活作息」單元裡，陳懷萱讓學員以身體為媒介重現自己的日常生活經驗，依提示的時間點，在位子上模擬該時間通常在做的事。這些單元讓青銀夥伴不只看見彼此的異同，也好奇這些「表態」異同背後的脈絡。

從陳懷萱的角度來看，面對社會高齡化，不能只把「老年人口」當作目標個案。「在人類學的田野方法中，融入在地社會、和研究對象一起『共做』，是相互認識與理解對方的基礎，因此我在《青銀有約》之中設計了許多跨世代共做的環節，讓大家可以透過活動一起完成一些事。我們創造了一個有點熟又不太熟的情境，帶他們去經歷了中介的環境，幫助他們拉開出一個溝通與對話的空間。」

劇場結合人類學：面向高齡者的厚數據收集

從《劇作老年》到《青銀有約》，可以看見陳懷萱關注高齡議題的方式，有著人類學強調脈絡與多元視角的關懷，亦大量運用「劇場」的元素。而會強調自己的人類學社會實踐方法論核心是「劇場」而非僅是「戲劇」，源自於她對劇場作為創造連結的對話空間的思考。「劇場與人類學的共通性在思考相遇與對話的意義。創造相遇、創造連結是我在意的事，劇場是我的方法，人類學是裡面很核心的視野，希望能藉此打開對話、發生交流，讓原本陌生的人可以變成有關係的一群人。」

這當中也包含著人類學家對於自身文化橋梁任務的關懷，陳懷萱提到：「人類學家的任務本身包含著跨文化之間的溝通與交流，但往往是透過民族誌的靜態文字形式來擴散。當藝術本身成為不同群體共同創作與表達的媒介，

1-1

1-2

2

1 陳懷萱為兩廳院《青銀有約》工作坊設計了許多跨世代共做的環節。攝影／蔡耀徵

2 陳懷萱引導台大「儀式場景設計」課的學生思考如何扮演「中介者」為場域創造儀式。

以劇場為中介設計青銀共融機制，深化老年議題的社會實踐

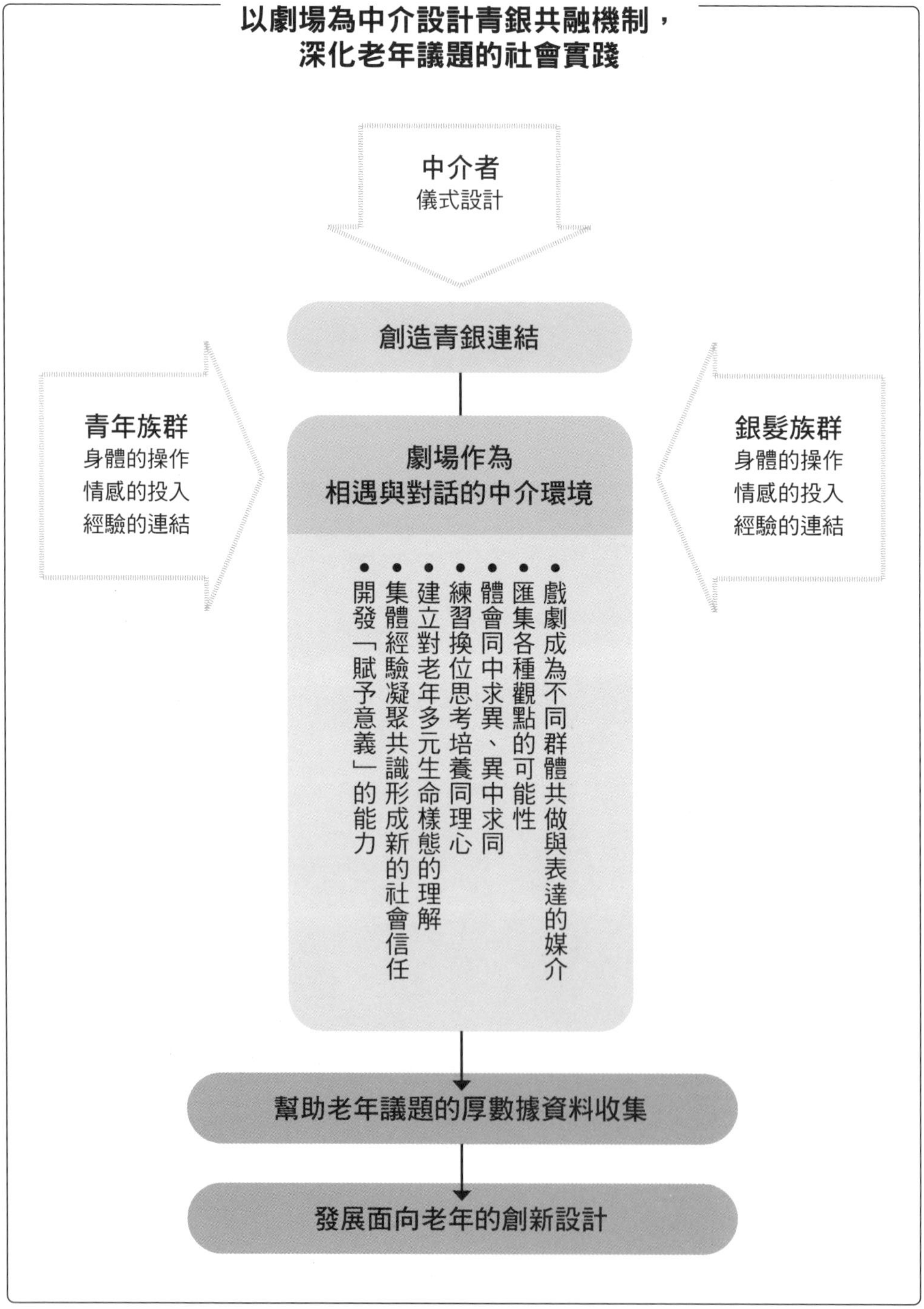

中介者
儀式設計
創造青銀連結
青年族群
身體的操作
情感的投入
經驗的連結
劇場作為
相遇與對話的中介環境
• 戲劇成為不同群體共做與表達的媒介
• 匯集各種觀點的可能性
• 體會同中求異、異中求同
• 練習換位思考培養同理心
• 建立對老年多元生命樣態的理解
• 集體經驗凝聚共識形成新的社會信任
• 開發「賦予意義」的能力
銀髮族群
身體的操作
情感的投入
經驗的連結
幫助老年議題的厚數據資料收集
發展面向老年的創新設計

正可以作為一個邀請對話的行動，讓雙方分享各自的想法，進而促成彼此的交流。」

在《劇作老年》和《青銀有約》，都能看到當中不管是長輩還是年輕人，他們的展演本身，都具有與自身生命經驗對話以及表現想法的價值。從厚數據的收集來說，這些展演是極佳的厚數據資料來源，因為當中的話語、動作都更加自然，也是人們最為直接的反應。

另外她也強調，劇場能夠有效地培養人們「同理心」的運用，進而能建立起更好的合作關係。「劇場的展演視角，打開了匯集與整合各種觀點的可能性，讓人在角色扮演與真實生活之間，更容易表述自己真實的需求。不只如此，戲劇也是練習換位思考、培養『同理心』的方式。」

陳懷萱面向高齡社會的社會實踐當中，雖然沒有一個「聚落」作為田野地，卻透過劇場的方式讓參與其中的夥伴更容易形成一個「社群」，進而更願意分享他們的故事與想法，這正幫助了她的厚數據資料收集。劇場本身的形式，也成為她運用這些資料發展創新的重要方法，舞台空間、戲劇的元素都讓原本相互陌生的參與者能夠更容易建立起新的社會關係，或是幫助人們更能夠去揣摩、想像與接近需要幫助的人們，讓人在參與改變社會的行動之中更能獲得「意義感」，覺得自己的參與更有價值。

如同陳懷萱所說的：「人類學重視從在地脈絡中挖掘與詮釋意義，而表演藝術與劇場能透過身體的參與及感動為人賦予意義。大家都在一個找自己的過程，這個『賦予意義』的能力是我們面對高齡社會，創造與設計自己老後人生的重要功課。」

（本章對於兩廳院《青銀有約》相關文字參考陳韻文〈《青銀有約》有關係〉一文，特此感謝。）

挖掘厚數據

儀式設計要角：中介者

陳懷萱對於戲劇作為設計方法的思考，深受人類學儀式研究的概念影響。在她開設於台大創新設計學院的「儀式場景設計」這堂課中，她一步步引導學生在台大教室與宜蘭南澳之間來回移動式學習，在經過一個「進入田野」的練習後，最後讓學生提出小旅行提案。

連動兩個世界

她帶領同學們學習人類學所強調的儀式結構「脫離（日常世界）」、「中介」與「返回（日常世界）」，分析各種旅遊「場景」生成背後的社會文化結構，並特別聚焦在遊程體驗設計時「中介者」所扮演的角色。「儀式設計的中介者需要去想如何去連動兩個世界（日常世界與戲劇世界），這是儀式設計的關鍵。如何在地方創造新的場景，關乎是否有辦法轉譯地方元素，形成一個新的體驗視角與框架，來為地方日常經驗創造非日常的意義與價值。」旅程設計者既要像人類學家一樣站在兩個文化的中間，用自己的田野調查與書寫來連結兩個沒有聯繫的真實社會群體，也要像劇場導演一樣，創作出對立於真實世界的戲劇世界，並且引領人們進出其中。其次，要創造「讓人相信的身體經驗」，陳懷萱表示：「儀式設計最重要的是創造相信。」而身體就是引人入戲的重要感官媒介。

設計小旅行的整體過程大概分為四個步驟：

- **轉換視角**：運用田野調查讓自身獲得在地的經驗。
- **建立人物誌（Persona）**：對於「『在地人』生活經驗」與「『遊客』期待」之間的捕捉。
- **洞察挖掘**：看到能夠貫穿在地魅力與遊客期待的連結。
- **敘事框架**：為整趟旅行撰寫劇本與搭建舞台。

在這些環節之中，陳懷萱也非常強調要掌握如何透過劇場的元素，在體驗過程裡讓遊客的身體能沉浸，如此才能真正地「入戲」，進入到儀式裡。

之三
小地方的人類學

透過田野，深入在地生活脈絡、連結地方與人！

鍛鍊你的人類學之眼

物性
MATERIALITY

意指文化實踐過程中文化與物之間的辯證過程。不只文化決定了物如何使用，物也影響了文化的實踐方式。

經濟行為
ECONOMY

人類學對經濟型態的研究，並不僅限於貨幣經濟或全球貿易，而是從人類如何生存與獲得資源切入，將經濟行為放入社會與文化脈絡中，探討經濟行為與價值觀、社會運作間的關聯性。

從物看見「人性」，從文化看見「物性」

在北倫敦一間超市裡，偉恩太太正在為一家人購物。她的丈夫是一位電工，因為受傷已經好幾個月沒有工作。她自己是保母，把雇主的小孩帶回家照顧。除了丈夫受傷，最近還有人闖進他們停在戶外的車裡偷竊，日子可說過得一點也不愜意。儘管如此，偉恩太太在購物時把注意力擺到東西上，不如意的事情暫時先擱在一旁。此刻，她必須想清楚一連串策略來解決家裡的需要，她向一起去購物的人類學家丹尼爾・米勒（Daniel Miller）解釋：

「我的丈夫是肉食主義者，蔬菜總只是挑自己喜歡的那幾樣吃。我最近開始『炒菜』，因為我發現這樣可以讓他多吃些蔬菜。他喜歡吃辣。……我的兒子傑克這幾年更挑剔了，他以前滿愛吃青菜水果，但最近他都只吃薯條和漢堡。」

偉恩太太一邊想著她先生最近總穿舊T恤，應該幫他買件新衣服，不然工作時老是穿那幾件。事實上，偉恩太太不太喜歡讓她先生自己購物，總覺得他要不是會漏買，就是會買錯東西。

偉恩太太買東西時會想到家裡每個人的喜好。她在肉舖買了薄荷口味的羊排，這道菜家人上週讚不絕口，希望這禮拜再吃一次。同樣的，之前買的一些水果塔也大受好評。在購物最後，她幫自己買了一杯冰淇淋，是她喜歡的牌子Viennetta，算是給自己的小小款待。

在米勒眼裡，偉恩太太就如同其他家庭主婦一樣，是一個家的核心，需要對家裡的物質需求做研究。她不光是被動地滿足需要，也會去想像這個家因為她的購物而能過得更舒服。她不單滿足先生與小孩，也讓自己從購物中得到成就感。對她來說，這一切就是她的責任，因為她愛這個家。她的購物就是一個「愛的行動」，在日常生活中透過實踐建構起愛的關係。愛或許不常掛在嘴上，但她每次購物都是從愛出發，買回來的東西展現了她對家庭的關心與呵護，讓家人生活在有愛的環境裡。從這個角度來看，購物不光反映了愛，也是愛的表現與再生產的形式。

米勒指出，過去的人類學研究在心物二元論的傳統下忽略了「物」的重要性。然而，我們是透過「物」的接觸認識這個世界，也透過操作「物」來展現我們所學習到的文化概念。尤其在這個時代，更需要透過消費的過程才能展現出文化觀念與社會關係，我們從這些物上面可以看到「人性」，更可以從這些文化的過程裡看到「物性」。沒有「物」，文化現象就無以為存。

從米勒的角度來看，超級市場其實也就像是一個博物館，裡面的商品正展演著我們當代社會裡對於家的文化性想像，我們能從觀察一個超市看出這個社會所重視的價值。

思・考・練・習・題

❶你如何表現自己對家人的「愛」？在表現的方式上有沒有「消費」與「物質性」的形式呢？

❷在你購物的過程裡，除了「愛」，還有哪些力量驅使你去消費某些特別的物件？為什麼這些力量會讓你用「物」來行動呢？

參考書目：

Daniel Miller

Material Culture and Mass Consumption. New York, NY: Basil Blackwell, 1987.

A Theory of Shopping. Cambridge: Polity, 1998.

'Materiality: an Introduction', in Daniel Miller ed., *Materiality*. Durham, NC: Duke University Press, 2005, pp. 1-50.

第十章

邱承漢：民宿、地方什貨，變身幸福博物館

在改造自老婚紗店的叁捌旅居，邱承漢與建築設計團隊賦予老屋和舊物件新意義，活化時代的記憶與情感，傳承幸福物質文化，更透過活動和書寫，串連鹽埕常民生活與人情故事。在豐富旅人體驗的同時，也為在地保存了無形的文化資產。

「這個櫃子以前是在二樓的梳妝台，新娘都會在這裡化妝，現在我們拿到一樓，做成櫃檯。以前，新娘把結婚要用的禮服與用品擺在這個紅色行李箱裡，現在我們用這個紅箱子來擺清潔用的備品給入住『叁捌旅居』的客人……」

二〇一四年十二月，在香港著名文化地標「藍屋」，一群香港朋友專心聆聽來自台灣的邱承漢分享，他如何在台灣翻新老屋、經營「叁捌旅居」的過程。

「叁捌旅居」是一家位於高雄市鹽埕區的設計民宿，開幕以來屢屢成為媒體報導焦點，因為這裡不只設計別出心裁，更有濃濃的歷史人文味，見證高雄文化的變遷。這棟五層樓的透天厝曾經是當地最知名的婚紗攝影公司「正美禮服」，現在變身為風格獨特的旅店，更可以說是一間高雄的「幸福博物館」。

翻新老屋，串起時空情感

從再一般不過的民宅到現今的轉變，要歸功於邱承漢的努力，「幾年前，長輩決定要將『正美禮服』搬到另一個地方，屋子就閒置下來。我小時候最美好的回憶都在鹽埕這棟房子裡，心裡孿捨不得。」

邱承漢原本唸的是企管，在台北的銀行工作。二〇一一年，這棟他自幼在裡面玩耍的樓房，因家族感到空間太小，決定將「正美」移到別處，整棟建築便成了閒置空間。邱承漢幾經考慮，決定辭去讓人稱羨的工作，跳脫舒適圈與台北的生活，回到高雄將這棟透天厝改建成為民宿，命名為「叁捌旅居」。

在一般口語中，叁捌諧音「三八」聽起來似乎沒有太正面的含義，但是叁捌旅居命名的背後，有著邱承漢用這棟建築物說故事的心意：

「叁捌是指三〇到八〇。『叁』指的是一九三〇年代，也就是創立正美禮服的外婆謝蔡金牙女士的出生年代；『捌』指的是一九八〇年代，也就是出生在八〇年代的我。取名為『旅居』，是希望這裡不光是

百工裡的人類學家

邱承漢：「物件是一個介質，能帶我們回到過去的一段時光，我希望能妥善保存它們背後的意義、故事與情感。」

- 叁捌旅居、鹽埕在地刊物《什貨生活》創辦人，發行《鹽埕 水上人家》等出版物
- 活化婚紗店老屋，打造叁捌旅居、叁捌地方生活為鹽埕文化入口，串連在地歷史，傳達美感
- 改造鹽埕區銀座商場老旗袍店為「銀座聚場」（咖啡民宿），帶動老商店街改造風潮
- 推動鹽埕第一公有市場發展「青銀共市」；帶領團隊經營「鹽青相談所」，協助青年進入鹽埕區落地創業
- 政治大學企業管理碩士
- https://3080s.com/
- https://www.facebook.com/3080s/

旅店，也要讓人在這裡體驗真實的生活感。」

一個好的名字讓這棟建築物有了時間概念的定錨，但真正的挑戰在於如何讓整個空間重新活起來。「我想做到的，除了是時間的串聯，還有空間上的串聯。因為在這個地方長大，所以想透過這棟建築去連結之前『正美』的故事，去連結前後的社區，接著去串聯不同的人，包括旅人、高雄在地人，還有住在附近的居民。然後，透過舉辦活動，把這些人與地方連起來。所以我們除了提供住宿，也舉辦很多活動講座，並且做了許多附近的田野調查、口述採訪。」

傳承老婚紗店幸福記憶

現在跟高雄市五十歲以上的在地人打聽正美攝影禮服公司，他們會這樣跟你說：「以前高雄人結婚就是要到『正美』去租婚紗、拍婚紗照！」對高雄人來說，這裡充滿了幸福的回憶。

一九七〇年代，鹽埕區因為鄰近高雄港，商業功能發達、貨物品項齊全，舊崛江商圈更是以前鹽埕區販賣最高級商品的地方，是鹽埕區的精華，所以這一帶也成為老高雄人結婚時採購必去之地。當年邱承漢的外婆要開婚紗店，便選擇落腳崛江商圈，在五福四路二二六號成立了「正美禮服」。

「正美，就是真正美麗的意思，是我外婆一手創立的。外婆是一個女企業家、女強人。那時她跟外公說，結婚可以，但她還是要去日本留學，所以真的在婚後去日本學服裝設計。」一講起「正美」，邱承漢總是會很驕傲地提及外婆的創業故事。

「正美」一開始是一棟兩層樓的木屋，一九七五年於原址改建為一棟五層樓水泥建築。邱承漢的外婆憑著從日本學來的好手藝與做生意的本事，逐漸打開「正美」的知名度，成為當時高雄人結婚時婚紗服務的首選。也因此，「正美」的點滴就是一九七〇、八〇年代高雄人婚禮文化的一部分。

「外婆除了新娘禮服，也賣化妝品、華歌爾內衣等等。那時候的女生平常不太能買很多東西，但結婚的時候她最大，所以可以一次買很多化妝品與內衣。外婆說當時的新娘都是成打成打地買，把未來好幾年需要的一次買齊。」一九八〇年代的正美，不僅提供客人租禮服、拍婚紗與美容等服務，還在高雄的國際大飯店辦婚紗秀，登上當時的電視媒體，這些影片現在成了最好的回憶。

一九九〇年代以後，「正美」在經營上發生了變化，「那時候剛好有機會接觸到外國的廠商，正美開始轉作出口生意，主要是設計禮服，或是接外國品牌的訂單。一九九〇年代初期左右，門市慢慢收起來專心做出口，我們一直到現在還在製作婚紗，只是台灣的人不知道，因為沒有賣給台灣的客人。」邱承漢解釋。

就這樣，「正美」逐漸淡出年輕一代高雄人的記憶，而這棟位於五福四路的透天厝，也因舊崛江商圈漸趨沒落，逐漸消失在高雄人的生活裡，直到邱承漢決定回來接手這棟建築物。「我回來的時候外婆特別開心！她自己是創業的人，也認定我在創業，她很高興。」

他希望能讓正美禮服的幸福回憶，在新生的叁捌旅居繼續下去，所以在裝潢設計上延續許多「正美」的元素，未來也打算舉辦主題活動來連結地方與人，「我想要舉辦『叁捌回娘家』，在每年的三月八日邀請曾經在正美租過禮服、拍過婚紗的長輩回來聚聚。」邱承漢說。

新舊設計元素融合，老屋變摩登

決定回高雄接下這棟建築物之後，邱承漢首先要費心的是，要找誰來打造心中理想的空間，讓老房子重新活過來。

「離職之後，一開始我有點不知所措，只知道一定要找到一個跟我的理念契合、對空間有專業的人，可以跟我討論給我建議，讓我腦中的想法可以實現。」很幸運地，他找到了擅長融合現代建築與地域特色的團隊：寬和建築。「我和設計師說，要有正美、鹽埕的元素在裡面。」邱承漢提到他一開始的堅持。當初參與計畫的設計師之一辜達齊，分享了團隊和邱承漢一起做設計的過程。「我在這裡住下，體驗它的空間氛圍，再把體驗轉換成設計。那時跟著承漢走入崛江商圈，發現那裡用了透明天花板來增加整個商場的自然採光，便決定要將這樣的元素拉回到建築物。」

站在「叁捌」的門口，辜達齊指著對面的崛江商場說：「在入口的設計上，我們做了向內延伸的『亭仔腳』空間，打破店面與騎樓之間的界線，延續對面崛江商場的長廊意象。大面落地窗也重塑了崛江商圈令人熟悉而親切的生活感，要讓經過的人不只停下腳步，還會想要走進來看看。」

「我們利用許多在地常用的建材，像是磨石子、抿石子、磚牆及鐵件，讓人從貼近的建築語彙去了解鹽埕；也用了很多這個區域常見的金屬五金，回應鹽埕區曾經興盛的船隻五金維修買賣業。外面這一側，則用了許多鐵網，增加空間的穿透感，也讓植物攀爬成一道綠色植生牆，減少五福路的噪音。因為這是一棟長型街屋，為了使通風、採光更好，我們一口氣鑿了四口天井，讓空氣和光線可以在建築之中流動。」

在住宿房間的設計上，也呼應了「正美」這個主題。例如刻意從水泥壁面露出磚牆，加上一邊的木樑，搭配復古的沙發椅，傳達出建築物本身的歷史感。另外一間房裡，牆面漆上白色，掛衣架披上一襲白色嫁紗，從窗戶引入的戶外光線照射在古典雕工的床頭板上，再現了獨屬「正美」的懷舊與浪漫。地下室原本擺放邱承漢長年收藏的日本漫畫，現在則是將整個空間挪做藝文展演之用。二樓保留一個開放場域，可以在此舉辦小型講座。特別設置的流理台，則可以進行簡單的烹飪活動或是餐飲教學。

幸福物質文化再現新意義

在整理「正美」空間的時候，清出許多舊東西，設計團隊和邱承漢一起討論有哪些可以保留或是再利用。於

1

2

3

4

5

6

1-3 舊透天民宅改建的叁捌旅居，透過建築設計的巧思，從外觀到內部，注入新的人文風貌。

4 邱承漢帶著旅人走訪崛江商圈及鄰近社區與店家，品味鹽埕在地歷史與生活故事。

5-6 用博物館策展手法，正美禮服原有的舊素材被活化了，在叁捌旅居傳遞時代記憶與幸福情感。

是，過去用來裝婚紗的紅箱子，成了擺在「叁捌」門口的裝飾。曾經是新人化妝用的梳妝台，成了擺放地方藝文資訊的桌台。邱承漢解釋，「叁捌」收集了這麼多老東西是因為念舊，「我想保存物品，希望這些物件能讓我產生畫面，它們是一個介質，能帶人回到過去時光。我希望能妥善保存這些物件背後的意義、故事與情感。」

而要讓這些舊東西與老素材得到新生命，且毫不突兀地融入新空間，一定得仰賴設計師的專業，「東西都會過時，房子也會，可能無法完全合乎當下的需要。設計師的角色就是要讓空間適應這個當下，不然就只剩下造型，無法再利用。」辜達齊強調。「要達到『新舊之間的平衡』是很痛苦的。什麼該拆？什麼應該保留？這些都是我和設計師之間爭執的重點。設計師重視空間美感，也重視實際使用起來的機能，但這棟建築物充滿太多回憶，拆除的過程中怎麼可能沒有不捨？」邱承漢憶及當時要在設計上做取捨的複雜心情。

婚紗記憶、建築設計新舊融合的最終成果，處處呈現別出心裁又連古通今的巧思，讓「叁捌旅居」以《徑。鹽埕埔》的作品名稱，拿到二〇一四年ADA新銳建築獎首獎。

叁捌旅居：體驗鹽埕在地文化的入口

「經營『叁捌』的終極目標是希望這裡能成為鹽埕的入口，大家透過它來到鹽埕，然後走進去裡面認識更多地方。」邱承漢說。

鹽埕區一帶自日治時期就成為都市計畫的發展重點，在一九七〇到八〇年代，因為鄰近高雄港的緣故，這裡曾是高雄風華最盛的地區，如同台北西門町與大稻埕的合體，成為舶來品與南北貨最集中的精華區，高雄第一家百貨公司與國際觀光飯店都在這裡開張——八〇年代出生的邱承漢，恰巧見證了高雄的商業中心由西向東移動的過程，也看到鹽埕鉛華盡褪，他希望「叁捌」可以為活化鹽埕盡一份心力。

當越來越多人透過各種媒體認識「叁捌」、成為這裡的房客，他們也開始有機會跟著邱承漢去認識鹽埕。他和民宿的管家們除了分享附近的文史與觀光資訊，還會特別為旅人準備在地店家的早餐，透過飲食傳述地方故事。「承漢帶著我們一間一間吃，那些早餐他從小吃到大，真的好吃！他也會跟我們講這些老闆的故事。這些故事我們就在提供早餐的時候一起帶給客人。」「叁捌」的管家Angel說。

每隔一陣子，邱承漢便會和其他在地工作者合作發起「鹽埕小旅行」，帶領旅人遊覽鹽埕，一起到木材行、西服店、美容院、日貨行、鈕扣行等有歷史的店家，聽店家說故事，甚至跟著老師傅一起學些簡單的手藝，讓在地人的生活成為旅人們可以帶走的回憶。

放大視野，引進藝文活水

邱承漢解釋「叁捌」設計活動的原則。「活動大致上分兩類。第一類在議題上未必與鹽埕直接相關，但與『叁捌』的藝文調性符合或我自己喜歡，就會舉辦，吸引對的人來認識這個空間。再來是直接與地方店家有關的體驗活動，把人拉進『叁捌』、接著去認識鹽埕。」

高雄做文史工作的團隊很多，例如「打狗再興會社」，他們的活動強調歷史，「我們的活動跟會社不一樣，不會太

叁捌旅居有如田野基地，串連鹽埕區的今昔與人物，以書寫、影像為在地文化留下無形資產

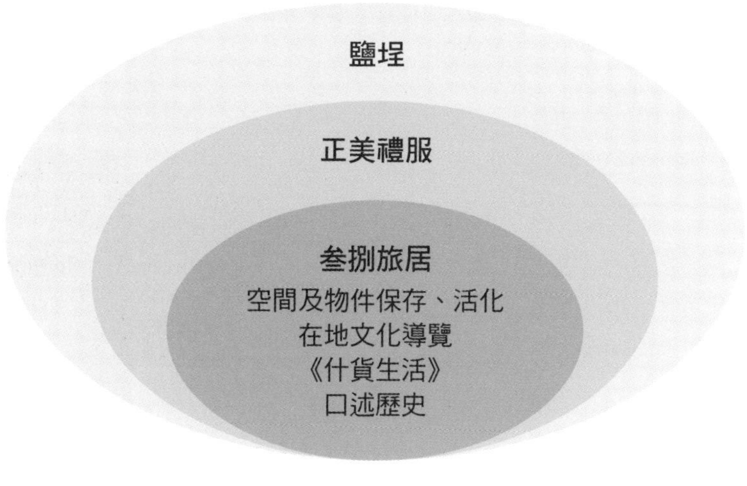

《什貨生活》：充滿故事的鹽埕民族誌

「舅婆，能不能請妳說一下那時候妳怎麼學做頭髮的？」邱承漢帶著一名管家到「叁捌」附近的正麗美容院訪問他的親戚，想了解以前他們如何和正美禮服合作，也想記錄下那個年代鹽埕區美容業的故事。「其實以前這些長輩都認識，但都沒有好好去聊過。」他說。

「書寫」鹽埕，用文字記錄下這個區域的故事，是邱承漢一直想做的事。「其實也在擔心，如果現在不去記錄，未來就不知道會變成什麼樣子了。」邱承漢說出他的擔憂。

隨著鹽埕地區的老化與都市更新，總有一些店家遷出或是結束營業。在邱承漢眼中，如果不趁現在用文字或是影像記錄下來，很多鹽埕的歷史、口味與記憶可能就要被遺忘。二〇一四年，他和有編輯經驗的曾國鈞合作，實現醞釀已久的想法，發行實體出版品《什貨生活》。這本刊物是「叁捌」二〇一四到一五年的重要工作目標之一，推出〈食〉、〈衣〉、〈住〉、〈行〉四期，介紹鹽埕生活的各個面向。

因為開始做在地採訪與調查，「叁捌」有如人類學家做民族誌工作的「田野基地」，原本學人文社會科學的管家宓蓉以及編輯曾國鈞，訪問附近許多店家；除了歷史，也呈現現在的鹽埕人怎麼吃、怎麼穿。《什貨生活》不僅豐富了旅人的鹽埕之旅，更成為無形的文化資產。

而做為鹽埕歷史一部分的「正美禮服」，又是自己從小到大的回憶，自然也是邱承漢想要整理與書寫的目標。於是，外婆的口述歷史、家裡收藏的影片、過去留下來的帳本等，都被一點一滴地收集整理。他期待未來有一天能出版這些內容，讓「正美」的歷史和那個消失的時代能被更多人記憶。

偏重文史，而是用有趣、有生活感的方式來呈現，因為我們的客人不是那麼嚴肅。大家關心的角度不同，做好各自的分工，一起讓鹽埕有趣起來。」

邱承漢本身是一個經驗老到的旅人，經常到台灣各地旅行，也常跑海外。這些旅行閱歷幫助他更清楚定位鹽埕的特色，激發他對經營「叁捌」的想法，在規劃服務時也更能貼近旅人的需求。

目前，「叁捌」的客人集中在二十六歲到四十歲之間，因為是設計旅店，主要客群就是喜歡這類風格的年輕人。而隨著旅人網誌的流傳、「叁捌」獲設計獎肯定，吸引越來越多人來親自體驗這棟建築物的魅力。邱承漢在香港的演講也產生發酵作用，吸引觀光客來體驗「叁捌」、認識鹽埕。

「走進叁捌，你不需要特別花力氣去接受舊與新的衝突感，也不需要花時間習慣老建築與新設計的並存——因為它和諧得不需要你多費力氣，卻在不經意間便訴說了好多故事，呈現承漢和外婆的連結。」曾入住「叁捌」的成若涵分享。這位以台北為基地的年輕紙雕藝術家，特別擅長將景觀、故事加入創意紙雕藝術作品，二〇一四年受邀到「叁捌」進行「駐村創作」。邱承漢與管家們帶著她認識鹽埕的

叁捌旅居應用博物館策展手法，融合老婚紗店素材和新的建築設計元素，再現幸福物質文化

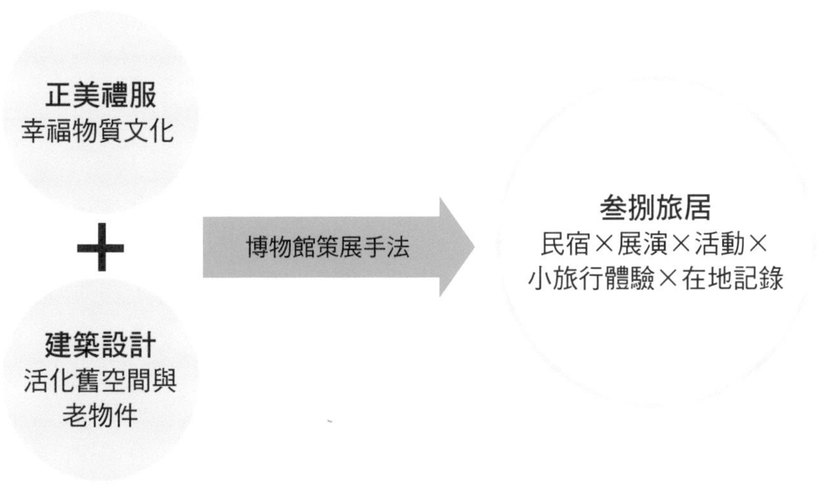

人事物，聽了很多在地故事，這些都成為她紙雕創作的素材。

創業，夢想和現實取得平衡最美

邱承漢決定創立「叁捌」之初，便清楚這不是自己一個人能獨立經營起來的事業，很早便開始籌組管家團隊，依據每個管家的專長分工，分別負責房務、活動策畫、書寫記錄、展覽規劃等工作。管家Angel說：「他其實是很嚴格的老闆，但是給我們很大的空間。」宓蓉則說：「他比我們員工還愛玩，也很鼓勵我們出去玩，這樣才有熱情來看每一件事，來面對客人。」

而經營事業最重要的財務，則由邱承漢自己負責。也因為他具有商管專業，看似文藝的「叁捌」，背後其實有很縝密的成本計算：「我自己是商管的背景，所以會要求活動與展覽不能賠本。我不特別花錢去做活動，一定要有門票或是場地費，不然就是計入行銷成本，也要曉得未來會如何回收。出版《什貨生活》我希望讓更多人可以看到，所以要控制成本，但是要壓低印刷還是通路成本便需要去取捨。最後決定印刷不用太精美，售出四百本就能打平，我們就有機會來做。」

邱承漢還和當初合作的設計師辜達齊共同成立了「一起設計」工作室，希望能結合建築空間設計的專業，呈現鹽埕甚或高雄的嶄新面貌。

邱承漢在理想與現實之中取得一個美麗的平衡，以「叁捌旅居」延續了「正美禮服」的身影，帶著旅人穿梭在新舊融合的美好時空。他不僅成功地利用、再現了鹽埕精彩的「幸福物質文化」，也展現了在地文化的新活力。

挖掘厚數據

博物館、物質文化與人類學

「博物館」可以說是人類學家與學子們在學院以外最能發揮專業的職場領域。

根據英國博物館協會定義，「博物館使人們探索其藏品，以追求靈感、學習與享受。這些機構蒐藏、維護文物和標本，並使它們能讓公眾所應用，因此博物館受社會的付託，保存這些物件。」

早期的人類學家往往也扮演博物館學家的角色，將田野收集的文化器物，送回博物館做為標本妥善保存。現今世界各大博物館的收藏，有很大一批的來源就是早期民族學田野調查中收集而來的，台灣大學人類學博物館即為一例。

另一方面，在器物收集的基礎上，人類學家也發展出了「物質文化」的研究領域，探討器物在文化脈絡裡如何被使用，在社會生活之中又有何功能與意義。

●物件展示、參觀體驗的設計，須以人為本

博物館現今已經成為一門獨立專業，將館內的「展示、典藏、教育、管理」等部門做更精細的分工，並運用更多不同的介面，讓觀眾充分融入展覽情境中。

要在展示領域扮演好一名「策展人」，人類學的基本功力不能少。一個好的策展人，其實就是要扮演好展示物件與觀眾之間的橋梁，引領觀眾進入展示器物的原生脈絡之中，或透過安排器物的展示形式，設計人和器物之間的互動，傳達展覽想要帶給觀眾的概念與體驗。

此外，「參觀博物館」同樣是需要被設計的「服務」。博物館的策展人也必須像設計人類學家一樣，觀察並了解博物館參觀者的行為模式，藉此設計出理想的參觀體驗。

隨著數位科技的進步，當代博物館裡的策展人也需要學習更多，例如如何應用數位科技表現展品？如何經營博物館的網路社群？如何發展與應用「數位典藏」？但這些新面向的應用，都還是需要回到「人」的基礎，應用人類學的基本態度與精神，才能事半功倍。

鍛鍊你的人類學之眼

地方知識 LOCAL KNOWLEDGE

地方知識，一般指稱由地方語言、歷史與生活經驗所構築起來的知識體系，承載了地方的文化風俗與價值觀。

口述歷史 ORAL HISTORY

一種記錄歷史、記憶與文化的途徑，該類資料源自人的記憶，透過親身活於歷史現場的報導人之口述，所留下之文字、錄音、錄影等原始紀錄。

地名即故事，相傳地方的價值觀

人類學家基思・巴索（Keith Basso）的田野地，位在亞利桑納州弗德阿帕契印第安保留區裡的西貝廓社區（the community of Cibecue on the Fort Apache Indian Reservation）。他做田野的第二天，發現自己無法正確地用阿帕契語唸出眼前沼澤窪地的名字，便向他的阿帕契報導人查理士道歉。

「對不起，查理士。我沒辦法了，我之後會再找機會試看看。這不重要吧！」巴索說。

「這很重要。」查理士回答，接著轉頭用阿帕契語向同行的墨雷說：

「他（巴索）錯了。這很不好。他太積極了。為什麼他要這樣急躁，這很不尊重。我們的祖先就這沼澤窪地的真實樣貌訂下了名字，這樣做是有原因的。他們很久很久以前就先這麼說了。他正在複述我們祖先的話語，但他自己不知道。告訴他，他正在複述我們祖先的話語。」

巴索發現西阿帕契人對於居住的土地有獨特的感情，常用村落裡發生過的事件來命名一個景觀，這些景觀也承載了阿帕契族的價值觀。在名為「座落在擁擠聚落上的粗糙石頭」這個地方，流傳著以下故事：「很久以前，一個男人被他的繼女吸引了。他、繼女和她的媽媽三人住在『座落在擁擠聚落上的粗糙石頭』的下方。某天，等到沒有人的時候，他坐到他的繼女身旁，猥褻她。女孩的舅舅突然來訪，用一塊石頭殺了那個男人。舅舅拖著屍體到『座落在擁擠聚落上的粗糙石頭』上方，把屍體放在那裡的一個儲物坑裡。女孩的媽媽回到家，女孩告訴她發生了什麼事。儲物坑的主人後來移走了屍體，放到別的地方。但人們之後再也沒有找到那具屍體的痕跡。」

這則故事講的是亂倫禁忌。向巴索說這個故事的是班森・雷維斯。班森對巴索說，他特別注意到最後屍體的處境，他推測這個儲存坑洞的主人應該也是這家人的親戚，最後處理屍體的方法，象徵要徹底斷絕關係。

蘿拉・馬修斯跟巴索說了另一個「穿越布滿檉木樹的小道」的故事：「男孩和女孩新婚。他不知道應該在她的祖母來訪（月經來潮）時迴避。所以他去煩她……接著男孩病了。生殖器變得異常腫大，小便也非常痛苦，只能搗著褲檔走路。某個人告訴他『妻子祖母來訪時別去煩她。要離她遠點。』並給了他一些藥，『把這個喝下去，你就沒事了。你不用再感到羞愧，也不用再搗著褲檔走路。』」

在這裡，故事就是每個地方地名的一部分，當一個地方的故事在族人裡流傳，不僅讓族人對於這個地方產生在地性的認知，也讓人們知道應該遵守的道德規範。

西阿帕契人對巴索解釋地名的意義：「故事不可以和地方分離，不可以和具體的土地分離。故事就是這些土地的一部分，未來的子孫不可能失去這些故事，因為他們就在這些地理素材上生活。你不可能活在這處土地上而不去問、不去看、不去注意一塊圓礫或是巨石。那裡永遠有故事。」

思・考・練・習・題

❶我們對於某些地方的稱呼，是否也有類似西阿帕契人的命名方式？

❷許多「地方」對於我們的意義不只是空間，還承載了價值觀的傳遞。我們該如何捕捉不同群體的「地方知識」呢？

參考書目：

Keith H. Basso. *Wisdom Sits in Places*. University of New Mexico Press, 1996.

第十一章

林秀芃與掀海風：深根做田野，捲動農村小鎮共好

林秀芃在參與苗栗縣苑裡鎮反瘋車運動後，留在當地和夥伴創立「掀海風」團隊經過長期「蹲點」，一起逐漸變成在地人，也帶動更多在地民眾成為工作夥伴，更透過「海風季」等藝文活動，重新牽起離鄉遊子與家鄉的連結。

在「海風季」現場，廟埕前架起的是獨立樂團表演的舞台；轉過身，是年輕人最愛的手創市集及DIY手作；再遠一點的榕樹下，有一個公民論壇正在舉行。回到平日夜裡，幾位年輕人來到獨立書店「掀冊店」，一起喝著葡萄酒與茶放鬆閒聊。如此文青風格的場景，讓人忘記這裡其實是苗栗海線的一個農業小鎮：苑裡。台灣從二〇一七年開始吹起「地方創生」之風，「掀海風」團隊是當中受矚目的焦點，作為團隊創辦人之一的林秀芃來自台北，現在則以苑裡人自居，用各種行動讓在地年輕人串聯起來。

從活動挖掘洞察，找到擾動的夥伴

林秀芃與掀海風的故事要從二〇一三年講起，當時正在讀台大法律系的她與夥伴劉育育等人一起投入了苑裡在地「反瘋車運動」，和當地長輩們攜手抗議在地方設立更多的大型發電風車。之後林秀芃與夥伴選擇了留下，從投入在地的發展來嘗試真正改變台灣這片土地。

「成立掀海風是要從『反』到『返』，『辶』是腳的意思，就是要把自己的腳種回到土地上面。因為要靠土壤去生存，裡面好的壞的都會知道，你就會曉得要去做什麼事情，並且在過程中去組織社區的大家一起動起來。」林秀芃講著掀海風的成立理念。團隊取名「掀海風」，是在呼應苑裡長輩對於當地冬季海風吹在臉上所帶來刺痛感的稱呼和生活挑戰，更期許自己能像海風一樣掀動改變的浪潮。團隊的英文名稱「Say Hi Home」，也凸顯了想要召喚「離裡人」（團隊對於「離開苑裡出外打拚之人」的稱呼）返鄉的目標。

「既然選擇繼續深根在苑裡，就需要回應日常生活當中的議題。」農村沒有KTV、電影院、講座等城市年輕人下班後喜歡的娛樂，晚上七點半之後也沒有什麼地方可以吃晚餐，這些震驚與感受成為她為在地青年舉辦交誼性活動的動力。像是「飲癮約約」系列活動，邀請在地人一起來品酒、品茶、品咖啡，順便交朋友，在同一個空間學一些新的東西。活動場場爆滿，讓掀海風團隊獲得了對在地的關鍵洞察。第一，付費活動只要設計得當，苑裡在地人可以接受。第二，在地有一種氛圍，

百工裡的人類學家

林秀芃：「田野調查有一個轉譯與公共化的過程才能接觸到人，對不同的人轉譯，就有不同的轉譯型態。」

本章照片提供／掀海風

- 「苑裡掀海風」創辦人
- 2011年參與樂生保留自救會，2013年參與苑裡反瘋車運動，2014年成立「苑裡掀海風」，並在當地創立「掀冊店」獨立書店，舉辦海風季、飲癮約約、菜市仔音樂會、在地走讀等活動，帶領苑裡年輕世代串聯起來，共同打造農村的新未來
- 台大法律系畢業
- 苑裡掀海風：https://www.hihomeway.com/
- 苑裡掀海風FB粉專：https://www.facebook.com/taketheseawind

年輕人想要聚起來、想要一起做一些事情。

林秀芃進一步分析：「我看到的是二、三十歲的青年想要讓自己不斷往前進、探索各種可能性，但這種資源在鄉村是匱乏的。」掀海風團隊從「共享經濟」的角度出發，只要每個人都出一點錢，就能辦得起一個大家都想要的活動，進而讓地方上的娛樂需求、社交需求被滿足。而許多年輕人參加過「飲癮約約」之後，都成了掀海風日後舉辦活動的志工與合作夥伴。

學習地方知識，贏得農友認同

苑裡地區以農業為主要產業，掀海風團隊懷著帶動在地產業革新的理想，因此農田裡的長輩們也成為必須去擾動的對象，沒想到常常碰軟釘子：「農夫不想開放農田給你的時候，不會說不要，而是很委婉的跟你說那個時間可能不方便，所以你要一直追問下去，他後來也會誠實說很怕農田會被弄得一團亂。」這樣的挫折對林秀芃是一種提醒：「因為我們不是他，所以不斷地需要從他們生活會

「飲癮約約」活動滿足了苑裡年輕人想跟同儕聚會、放鬆的需求。圖片來源／苑裡掀海風FB粉絲專頁

遇到的事情去學習，從他們的角度去看，才可以聽出他們委婉語言背後的真義。」

為了贏得在地農友的認同，林秀芃與夥伴親自去學習許多農業知識與技術。她舉了一個例子：「有一位種火龍果的農夫用草生栽培農法，我想請他多介紹一些，但他在回答時不會直說我們不瞭解，而是用一種稍微敷衍的方式簡單介紹。後來我們去報名農會開的草生栽培課程，回過頭來再跟他聊，他發現我們很有誠意，而且看得懂他在果園栽培上的一些美感跟細節，就會願意再有多一點點關係上的推進。」

伴隨著大大小小的努力，在地農友們漸漸認識了掀海風團隊對於農業的想法，也興起試試看的心情，就願意讓他們帶一些農業的體驗活動，讓民眾跟著自己一起下田拔雜草、摘火龍果。對於參加的民眾來說，農事體驗其實非常新鮮有趣；農友們也發現，這些活動增加了他們的經濟收益，缺工的勞力需求可以被解決。掀海風團隊也因而越來越得到在地人們的認同。

2017年首屆海風季現場，這個藝文季現已成為召喚「離裡人」返鄉的年度慶典。

海風季：打造一種新型態的廟會

一年一度的「海風季」是掀海風團隊的招牌活動，除了是召喚「離裡人」返鄉的年度慶典，也成為在地社區每年重要的文化展演、商業展售舞台，更讓地方長輩都豎起大拇指稱讚。林秀芃笑著說：「我們一開始只是要辦巴奈的演唱會。」原來當初團隊只是想響應原住民音樂家巴奈在「佔領凱道」行動後於全台的巡演，但隨著內部討論越來越熱烈，「海風季」的概念就成形了。這個一日慶典的規畫聚焦年輕世代熱愛的活動型態，匯集了音樂會、市集、手作DIY、論壇、展覽等多元項目，以此為觸媒，推廣具有深厚在地連結的友善農產、鮮食、職人手作，參與民眾也能透過輕鬆的體驗氛圍，親近農村議題的公共討論。

掀海風團隊靠著群眾募資取得海風季經費，主要是希望能夠獲得更多的活動自主權。「二〇一七年是我們第一年辦，花了大概六十幾萬。海風季有一個比例很大的經費來源在募資商品，每一屆我們都會找一個設計師協助製作當年主視覺，就用這個主視覺背後想要講的故事，再去發展出一些不同的商品來販售。販售出去的金額扣除成本的利潤就是辦活動的錢。」林秀芃解釋。

募資除了能夠事先獲得活動資金，更能成為一種宣傳行銷，提醒離鄉的苑裡人一年一度的海風季又要到了。「這是一場新型態的廟會。」林秀芃道出團隊對於海風季的價值定位。在這個人口不到五萬的小鎮，幾乎每屆逾三千人次的參加盛況，足以證明海風季已經成為當地節慶文化的一部分，重新連接起不同世代、不同領域的苑裡人。

田野調查：一種社區行動策略

海風季的舉辦，想談的不是音樂，而是生活，有三個核心方法貫穿其中。第一是「巡庄」，期許每年要輪流

「海風季」寫下農村生活新註解

二〇一七年的第一屆「海風季」，號稱「苑裡有史以來第一場有看有吃有玩有聽的大型音樂節」，在舉辦活動的順天宮廟埕上，可以看到：

• **海風音樂會**：音樂表演是最大亮點，當年邀請到客家獨立歌手陳永淘、農村武裝青年、消波塊樂團、張三李四（金曲獎最佳演唱組合）等年輕人喜愛的樂團，也邀請在地的郭芝苑室內合唱團與客庄國小台語童謠團登台演出。

• **廟口市集**：規劃三大區，推廣苑裡和台灣各地的友善農產、新鮮好食、職人手作，現場還有掀海風團隊對於苑裡房裡古城田野調查成果的靜態展，讓民眾更加深刻地吃到、看到、買到在地文化的深度。

• **手作DIY**：團隊邀請許多專家職人來提供手作體驗，從編織藺草、做自然素材懷舊童玩、製作爆米香，到製作濱海植物敲染明信片等，每一項手作活動體驗都有深厚的在地連結。

• **榕樹下開講**：過往廟埕前榕樹下就是農村居民乘涼與話家常、討論時事的地方，因此團隊在榕樹下打造了一個論壇空間，讓這裡的公共討論機能重新恢復。像是彰化溪州成功旅社農用書店的巫宛萍、台南土溝美術館魏婉如分享「另眼看農村，看見農村新價值」、裡山塾的李文華談「苑裡的里山生活與軟食力」等等，角度多元的分享內容讓在地人有機會掌握到當前台灣農村正面臨的議題與挑戰，也藉由公開討論共同擘畫苑裡可能的未來。

• **蚊子電影院**：除了是回應活動舉辦地順天宮過往廟埕前戲台放電影的傳統，團隊也特別選擇了以居家照服員為主軸的紀錄片《長情的告白》，希望啟發觀影民眾一起思考農村高齡長照的現狀與挑戰。

在第一屆的嘗試之後，音樂會、手作DIY、公民論壇、市集、展覽等元素成為日後每屆海風季的固定項目，也會依每年舉辦場地的特質發想適合的新活動。

於不同里舉辦，拼起苑裡的全景。第二是「串通」，意指苑裡的民間單位能夠合作共好，並讓海風季化為具有支持性的一個大平台，讓大家都能在其中展現自己的價值且被更多人看見。最後是「深耕」，透過前置的田野調查，將最真實、最有趣的在地文化挖掘出來，加以記錄、呈現與保存。

「田野調查」是海風季成功的背後要素，更是整個掀海風團隊日常踐行的社區參與和擾動策略。除了由團隊成員日常在農村社區裡訪談與親身實作，許多調查工作常是帶著在地民眾、地方學校、離鄉者、外地人，透過營隊或課程的形式一起走訪、記錄的，然後把分散的資訊整合成要用的內容，也藉機向社區宣傳將要舉辦什麼活動。

像第一屆海風季辦在苑裡的「房裡古城」，田野調查便以這個聚落為主。團隊選擇了「五感」作為調查主題，也做了民眾容易親近的五感體驗設計：「有一個組別去錄下古城

海風季的三個心法

巡庄

每年輪流於
苑裡不同村庄
辦理

串通

以海風季
為支持性平台，
民間單位
合作共好

深耕

透過田野調查
捲動社區，
挖掘最真實、
有趣的在地文化
加以呈現

裡面不同的聲音，讓參觀者在展覽當中去聽聲音再去聯想。聽的方式很土炮，紙箱裡面裝一台手機就開始播放。」

在掀海風團隊看來，田野調查真正重要的是積累自己對於在地的認識與人脈，並要與苑裡鄉親溝通，向他們說更多在地的故事，也就是要將調查內容轉譯成為居民或是大眾都能體驗的成果。林秀芃務實表示：「因為時間有限，田野調查沒有辦法一次做到超級深入，但是我們希望它至少有個產出，再用它去和社區互動或是跟其他人交流。這些互動交流的成果，讓我們可以再往下一步去做其他田野調查，形成一種循環。」

地方刊物《掀海風》是團隊轉譯地方魅力的成果之一，採報刊形式，在菜市場、火車站免費發送。創刊號以苑裡火車站時任站長蕭茂安作為封面人物報導，看似平凡的安排反而更加觸動居民，紛紛分享了更多自己跟苑裡車站以及與這位站長的互動小故事。

釐清對象，選擇最適合的轉譯型態

林秀芃強調要能將田野材料做有效的轉譯：「田野調查有一個轉譯與公共化的過程才能接觸到人，這些人會再給你回饋，所以對我們來講轉譯是有方向性的。你是對誰轉譯，就有不同的轉譯型態。」

比方說轉譯「藺草」產業，可以是海風季裡的手作體驗，但對象換成青少年又不一樣了。林秀芃提到帶領當地高中生學習鄉土知識的例子：「他們完全不在乎藺草，認為那些是阿嬤的東西，要去觸動他們就要講一個有趣的故事。我就拿郭雪湖畫大稻埕的《南街殷賑》切入，當時的大稻埕是世界貿易中心，畫面當中有一排街屋的一樓在賣『大甲帽子』。大甲就是用苑裡的藺草來做帽子的材料，所以我跟他們說，不要小看苑裡，現在街上沒有什麼人，帽蓆行都沒落了，但以前藺草帽可是佔據世界貿易中心的店王。」

當苑裡知名音樂家郭芝苑的故居轉型成為音樂博物館後，掀海風團隊為場館選擇的轉譯形式，則是與國立苑裡高中「社會觀察家」課程的師生們合作，用十週共同創作出《情憶郭芝苑》沉浸式劇場。[1]表演就分散在郭芝苑故居的四個角落依序進行，由學生演繹他不同階段的人生故事，且融入其音樂作品的現場表演，來看戲的居民則要跟著劇情移動並配合加入演出之中。

釐清轉譯對象的特質，找尋合適的對話材料，在地的故事也就自然而然地被說出與吸收。更重要的是在這過程裡，有沒有讓更多的人一起被捲入地方共好的網絡中。「我們很難講有什麼方法論，唯一就是相信更多人參與的價值，盡量打開更多的時間跟空間讓更多人進來。」林秀芃說著掀海風的田野策略。

二〇二四年是林秀芃來到苑裡的第十一年，一起創辦掀海風的夥伴劉育育，已經在地方選舉中勝出成為鎮長。而她作為掀海風團隊的核心，經歷過的挑戰實在太多，從田野調查

1 苑裡掀海風X國立苑裡高中《情憶郭芝苑》沉浸式劇場演出影片網址：https://www.youtube.com/watch?v=GqKGNehxL6g

田野調查是掀海風
日常踐行的社區參與和擾動策略

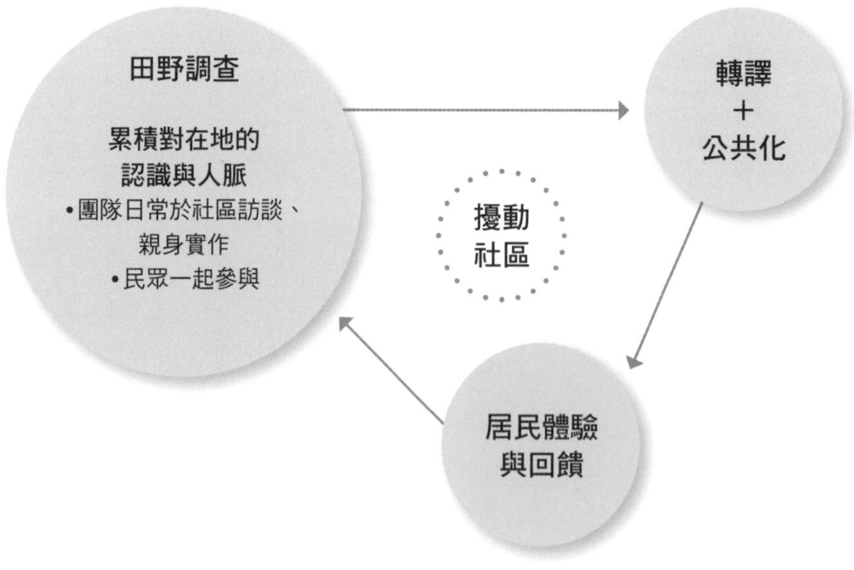

到規劃電商，工作領域之廣早已超越大部分待在大城市的同齡人。「過去在學校的學習都是單個科目，跨領域之間的縫隙常常是鴻溝；可在地方它其實是比較模糊的。在這邊是一個生活的整體，當你要解決一個生活的問題跟面對生活需求的時候，就是一個大量快速學習的方法。」林秀芃很感謝農村帶給她的全方面改變，也會繼續為她的新故鄉做最大的努力。

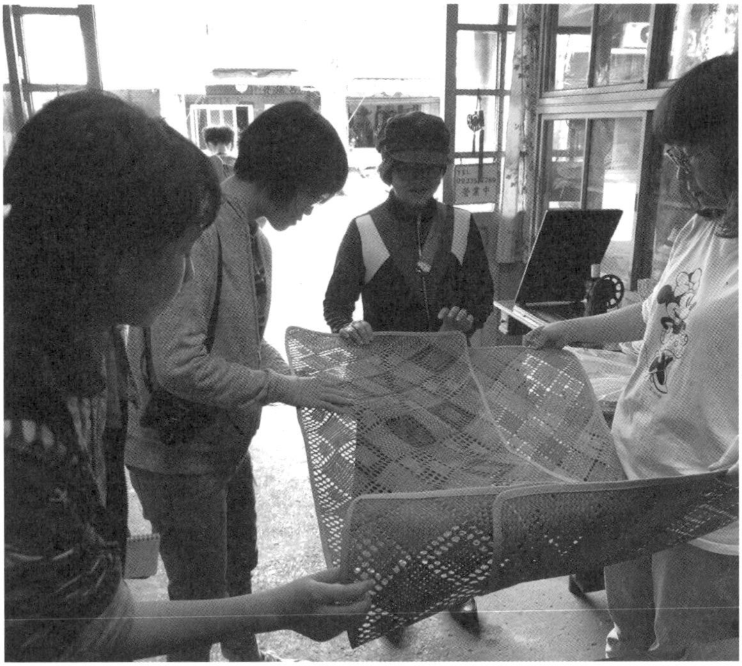

掀海風對藺草產業的田野調查常是帶領民眾多人一起完成的，並強調要依對象做有效「轉譯」。

挖掘厚數據

地方藝文季：離鄉人、外地人和在地的象徵性連結

過往，台灣的地方宗教慶典、刈香是離鄉到外地工作的人與故鄉的重要連結，因此常可以看到在新北市、桃園市工作的民眾包遊覽車帶著從家鄉廟宇「分靈」出去的神像回到祖廟，重新補充靈力。那麼，當離鄉的年輕人不再帶著家鄉主廟的神像到大城市去，地方要怎麼與年輕人建立起互動關係呢？

●設計屬於當代的地方慶典

在這一波地方創生浪潮中，有許多地方團隊開始為在地打造屬於這個時代的慶典，尤其會去強調透過藝術、設計或主題式的活動來重新連結在地人與離鄉人，也讓地方重獲當代媒體或是社群媒體上的聲量，吸引外地人喜歡上在地。這種重新設計慶典的例子除了本章所提的苑裡「海風季」，還有彰化溪州「黑泥季」、花蓮富里「穀稻秋聲山谷草地音樂節」等等，這些活動都擁有幾個常見元素：

- 符合當今年輕世代審美的藝術與設計，在美感上符合潮流也獨樹一格。
- 能夠吸引年輕世代的美食或創意手作市集，形成有設計感的風格景觀，也為在地攤車創業者與文創業者開闢販售機會。
- 具有在地特色的體驗活動，民眾能獲得只有該地方可提供的獨特經驗。
- 能展現地方特質的靜態展覽或表演，觀眾能加深對在地文化的認識。
- 善用社群媒體行銷，帶動年輕世代參與。

這些元素其實都仰賴「田野調查」挖掘出地方上的「厚數據」，從中找出具有魅力且能吸引當代年輕人的地方特色，然後再與設計人、策展企劃、公關執行等專業合作，將地方特色轉譯成為在地體驗活動，讓地方不再只是大都會之外的偏鄉，而是吸引著喜歡新鮮與美感的年輕人前來「朝聖」。對於離鄉的遊子來說，這些活動也象徵著家鄉正在不斷創新與改變，給了在外地打拚的自己更多回鄉看看的理由。

之四
餐桌上的人類學

一餐一食，展現飲食風景、風土特色！

【第十二章】洪震宇：用小旅行、風土飲食說故事

【第十三章】黃婉玲：追尋台灣辦桌文化、道地古早味

【第十四章】莊祖宜：廚房裡的飲食人類學

鍛鍊你的人類學之眼

共食
FOOD SHARING

分享與共同食用食物，是人類最常見的飲食文化之一，從狩獵採集、農業到工業社會都可以看到人們分享食物；共食的意義則隨著不同的社會形式有所不同。

家社會
HOUSE SOCIETY

由李維史陀提出，概念源自中世紀西歐貴族的「家」，藉由「家名」或重要物品的傳承而使其延續下去，是擁有物質與非物質性財富的法人團體，具有共同居住與親嗣關係（filiation）之辯證系統的共同特徵。家社會的重點不在於追溯血緣脈絡，而是日常生活中親屬關係的實踐與運作。

共食凝聚關係，重新定義「家人」概念

時間回到一九八〇年，地點在馬來西亞西側蘭卡威海邊的一個小漁村，人類學家珍妮特・卡斯登（Janet Carsten）發現當地對於「誰是一家人？」有獨特的觀點。

卡斯登和當地人一起生活後，發現蘭卡威人非常不認同「到別家吃飯」這件事，他們不喜歡到別人家吃飯，拜訪後總是要回到自己家裡用餐。新生兒的母親也都強調要親餵母乳，許多奶水不足的母親會對自己的孩子感到內疚。

卡斯登經過田野調查後發現，在當地人的觀念裡，當地稱為「噠波」（dapur）的爐灶在家中的地位非常重要。對他們來說，受孕是父親的種子與母親的血共同混合所造成。在母親的子宮，兩者混合形成胚胎，並靠母親的

血餵養逐漸長大。因為食物會轉換成人體內的血液，這讓食用同一個爐灶煮出的食物的人，體內有了相同的物質，也讓他們成為一家人。

也就是說，對於蘭卡威人，誰能成為這個「家」的一分子，血緣不是唯一的標準，能共同生活在一起，特別是吃同一口爐灶煮出來的食物，成為他們識別「誰是一家人」的重要方式。因此，家庭內一個收養的成員，經由一起生活一起吃食，逐漸成為一家人，其關係甚至比同一血緣但被其他家庭收養的手足來得更為親近。因此，即便一個家屋裡有三對兄弟與他們的妻子，因為是「一家人」，也都得吃同一個爐灶所烹煮出的食物，不能各自「另起爐灶」。所以蘭卡威人說：「坐在一起不重要，但一起下廚很重要。」

蘭卡威人對於家的概念，被人類學家稱之為「家社會」。在這樣的社會裡，對於親屬關係的認定過程，日常生活的實踐往往比血緣來得更加重要。

卡斯登也發現，在蘭卡威的「家社會」更為強調「平權」與彼此之間的相似性，而不是李維史陀所強調的階級式關係。

台灣的原住民雖然沒有如此明顯的「家社會」色彩，也常見到「共食」發揮重要的社會功能，例如泰雅族的gaga組織就強調了組織成員之間食物分享的重要性。

而在台灣各角落，許多地方小旅行、民間活動、廟會慶典等，也會透過食物的準備與分享或「共食」的儀式，凝聚參與者的感情、加強認同感。

✔思．考．練．習．題

❶除了家人之外，是否注意到在日常的人際互動中，我們其實對於「誰是一家人」有不同於血緣的定義與邊界？

❷在台灣，我們是否也因為吃食同一口爐灶成為「一家人」？我們對於「家人」是否也有不同於血緣上的定義？

參考書目：

Janet Carsten, *The Heat of the Hearth: The Process of Kinship in a Malay Fishing Community*. New York: Oxford University Press, 1997.

第十二章

洪震宇：用小旅行、風土飲食說故事

洪震宇以「故事人」自居，長年記錄小地方的風土飲食，透過人類學的田野經驗，挖掘在地故事與日常生活題材，整合資源，與地方人士合作推動在地小旅行。讓旅人像人類學家一樣，到現地、看現物、吃在地，開放五感體驗小地方文化，玩得有態度又有深度。

「這應該是他今天換的第三套衣服！」一位旅人發現到洪震宇似乎無法忍受自己有一點汗臭味，每兩個小時就找機會換一件上衣。在台灣，大概只有喜宴上的新娘才有這麼高的換裝頻率，這讓一起參加「甲仙小旅行」的人更難想像眼前這位型男，竟然能對甲仙這個山地農業鄉如此熟悉。

「以前學長姊說做田野很舒服，我那時候不懂！」洪震宇說。只見渾身散發時尚感的他，熟練地穿戴農夫用的防曬袖套、戴起斗笠、扛起鋤頭，帶領參與小旅行的旅人們一起體驗農活。身先士卒的態度不僅讓在地人有親切感，也讓旅人們一起彎腰下田——洪震宇和旅人們在甲仙的「觸角」是全面開啟的，就像是人類學家一樣，把自己完全放開去體驗這塊土地。

眼前一派農夫模樣，很難聯想洪震宇是清華大學社會人類學研究所社會學組畢業，當時的碩士論文寫的是台灣如何逐步走向新自由主義的硬題目：《從金融壓抑到金融開放——剖析九〇年代的金融開放政策》。他回想，這一個階段雖然身邊有很多唸人類學的同學，但是那時他的研究過程都在耙梳文字資料，還沒有養成「質化」研究的興趣，更別說人類學的田野調查了。

研究所畢業後，洪震宇成為商業雜誌的財經記者。爾後曾轉換跑道任職時尚雜誌，之後又重回財經雜誌。在這個階段，他擔綱《天下雜誌》「三一九鄉鎮」專題負責人，堅持報導要用好照片直接建立起地方印象，從文字敘述到視覺，共同傳遞地方的人文之美，雜誌銷售量扶搖直上，也得到地方的肯定。

發掘地方食材和生活脈絡

三一九鄉鎮的田野調查讓他培養起對地方飲食文化的興趣，也開始注意到台灣的農業與在地飲食的關係。「食物有益於思考，Food is good to think。」洪震宇引用結構主義人類學家李維史陀這句話，來表達自己如何以人類學精神來思考飲食文化。

「我特別喜歡在農家或餐廳嘗試一些我沒有吃過的菜。和他們聊才知道這些菜之所以不能成為固定菜單，原來背後有地理條件的影響、有節氣的因素、有

百工裡的人類學家

洪震宇：「我從人類學裡得到最棒的是，你的身體要去體驗那件事情！你沒有用身體去體驗，用你的感官去感受，那些東西都不夠深。」

- 故事人、作家，推動在地小旅行，持續進行節氣飲食、城鄉風格的田野踏查，鼓吹培養用故事傳遞專業的思考能力
- 曾任《天下雜誌》創意總監、副總編輯，策劃過三一九鄉專輯，亦曾任《GQ》國際中文版副總編輯
- 政治大學社會系學士、清華大學社會人類學研究所碩士
- 專著有：《資訊夢工廠》、《旅人的食材曆》、《風土餐桌小旅行：12個小地方的飲食人類學筆記》、《機會效應》、《走自己的路，做有故事的人》、《風土經濟學》、《風土創業學》、《精準寫作》等
- https://www.facebook.com/people/洪震宇的田野思考與觀察筆記/100059726011709/

族群的因素，我開始探索食物背後的文化脈絡，而要了解它們的關係，就要進到日常生活裡面，所以也對地方日常生活產生了興趣。」他解釋。他展開了一趟全台灣的食材踏查，之後結合養生觀念彙整成《旅人的食材曆》一書，記錄台灣這座島嶼上食材生產者的故事與真實的農業現場，也告訴讀者如何吃得健康、吃得「著時」（合乎時節）。

在做食材踏查的過程中，他在原住民部落遇到很多與飲食經驗有關的「文化震驚」，令他特別難忘的是一位阿美族朋友的日常飲食生活：

「我台東阿美族的廚師朋友，叫做耀忠，他拿了一條這麼大（兩臂張開）的旗魚現場切沙西米給我吃，就是一整條魚攤在桌上，牠的鰭被拉起來，眼睛瞪得大大的，好像還活著，跟我們通常看到的旗魚生魚片很不一樣。另一個晚上，他問我要不要看螃蟹，我說好，結果他戴著頭燈就到海岸岩石那邊去找，在一片黑暗中，我只聽到浪聲、看到那個隱隱發光的頭燈在跑，三十秒後他回來了，手上抓著兩隻螃蟹。他把螃蟹放在地上讓牠們爬，說牠們在冬季奧運比賽。他對食物有他詮釋的笑話與樂趣，這就是他的生活。」

就像人類學家進行田野工作一樣，洪震宇到了一個地方，總會從飲食細節去建構當地的文化圖像。他堅持入境隨俗，當地人吃什麼，他就跟著吃什麼！特別是各種庶民食物，尤其是工人的點心、農民的零食等，更是不會放過，從中發掘在地生活的豐富樣貌。

「早餐對我而言很重要，有一次我問耀忠：『你早餐吃什麼？』他說：『我們早餐沒有東西吃，沒有麵包。』那我問你們吃什麼？他說冰箱（太平洋）打開就有『龍蝦稀飯』。這些日常飲食的差異讓我體會到我們之間很不一樣，原來我們都市人這麼貧窮！」

創造小旅行：小地方、少人數、少移動、深體驗

二〇一一年，洪震宇第一次和風尚旅行社的游智維合作，協助台灣東部池上、關山一帶的民宿業者設計旅遊行

程，在考察過程中參與了阿美族的美食與歌舞，領略到「體驗」在旅遊中的重要性。這一回的經驗啟發，讓他領悟到自己真正想做的旅遊絕對不是看風景的觀光團，而是有深度、有體驗的「小旅行」，並且事前必須透過田野調查去挖掘地方的故事與魅力，再將其融入體驗行程。

「不同的旅行有不同的態度與訴求，『小旅行』是我命名的，也沒有多想，就是代表在小地方、人數很少。因為人數一多，你很難跟地方溝通，我也不喜歡用麥克風講一堆。所以要小地方、人數少、移動少，就在一個地方深度探索，至少跟一般旅行的差異是沒有風景，因為風景自己來看就有了，可是『小旅行』一定要有人帶你到那個現場，看現地，看現物，還要有身體與吃的體驗。」

把故事轉換為地方經濟價值

「故事人」，是洪震宇現在給自己的職稱。不光是因為他現在的工作當中，教人「說故事」是很重要的一部分，他也協助各個地方挖掘故事，因為他看到「故事」的重要性，也找出讓故事轉換成為經濟價值的方法。在他眼中，說故事不等於地方文史介紹，而是用最親近人的方式，把地方上發生過的事、在地的文化、特有的風土介紹給旅人。

和洪震宇一起工作或聊天，總可以感受到他有一種將田野調查所得到的內容，轉換成為商業可操作的內部整合機制，這應該和他財經方面的訓練與工作經驗有關，他不光強調「說故事」的重要性，也強調背後健全的商業機制不能少。他常把「經過就會錯過，相識才有故事！」這句話掛在嘴上，但要如何讓人不只經過，還能讓人留下或是再回來？又該如何讓人真正的相識，而非只是點頭之交？當「故事人」在策劃小旅行時，他也期許帶給旅人們真正的故事體驗，因為他相信在旅行中體驗到故事，甚至產生出故事，才能把旅人和地方連結在一起。

「其實每個人都是說故事的人，每個人都會說故事，只是你有沒有把『說故事』這件事情當成一個傳達的方式。有些人每天都在說故事，只是他可能不知道，以為他說的是不重要的事情。我覺得，人類學是挖掘到人深層的那一塊文化脈絡，包括他的身體行為、內心碰到的故事。我只是把它們整理一下，變得可以彼此串起來。旅行，就是在說一個故事。所以，小旅行，不是我在說故事，是當地人在說故事，他就是一個在地人類學者，只是他過去沒有意識到。我們把客人帶到他面前，在他的土地上，在他的餐桌上，或是在他的農事體驗上，由他去說他的悲歡離合，說他怎麼和這地方發生關係的故事，就是這樣子。」

不當觀光客，像人類學家一樣開放五感體驗

對洪震宇來說，細微的差異就是一個地方的魅力！也唯有人類學的研究方法，才能夠讓他看到地方文化上的不同，並且將這些轉換成為旅行的細節，讓旅人們對一個地方

洪震宇：像人類學家一樣去體會、同理、連結

1. 用創意連結不同領域

如何把你的觀察研究能力轉換成專業能力，需要有「連結」，「創意」就是最好的連結，而不同領域之間的連結才會有創意。人類學的學生應該要跳出來看別的領域，看別的專業是什麼。你要換位思考去體會人家、同理人家、看脈絡在哪裡，遠觀近察，不是從「我」出發，而是從對方出發，多吸收不同領域的觀念與知識，然後連結到人類學，去跟它有更多的互動。

2.從深層文化脈絡，挖掘有意義的創意

如果你的創意對於社會與人群沒有深層的影響，它是沒有意義的。要有意義，就要回到如何應用在人身上，那麼一定要先從文化脈絡去找你跟當事人的關係。我覺得人類學的方法與態度是重要的，因為它挖得比較深，挖的是比較有文化性影響的，這樣的創意會比較有意義。人類學家通常會關心那些例外的、少數的、邊陲的事情，很多的創意與可能性都是從那邊出來。

1

2

3

4

5

1 甲仙新住民文香，跟旅人分享料理的故事。

2 洪震宇希望透過小旅行讓當地人說自己的故事，他們就是在地人類學者。

3-4 甲仙小旅行的旅人樂於與當地居民互動交流，下田體驗農活，或學習以在地食材做美食，貼近日常生活。

5 洪震宇親自帶領小旅行，述說當地風土故事。

的印象輪廓更加清晰。

在他策劃的小旅行裡，總是充滿各式各樣的體驗元素，特別是飲食的部分。「對我來說，食物除了好吃、好玩，背後還有節氣、土地、風土，有文化的意涵。」當小旅行帶著人一起用身體、用五感去體驗一個地方，「觀光客」才能變成「旅人」，甚至變成「人類學家」，從一個平凡的東西看到深層的東西，激發更深刻的思考。

「我從人類學裡得到最棒的是，你的身體要去體驗那件事情！你沒有用身體去體驗，用你的感官去感受，那些東西都不夠深。對我來說，食物就是要去體驗它，不光去體驗熟食，還要體驗生食，要想它怎麼來的？在哪裡捕的？或是哪裡種的？生的和熟的分別和社會的關係又是什麼？」

「小旅行」是洪震宇給自己的答案，要讓來旅行的和在地的人，每個人都有機會成為人類學家，帶著對於一個地方的喜愛相遇，讓故事跟著變深刻、精彩。「這是一個有態度的旅行，你一定尊重地方，而且我覺得參加的人心態比較謙卑。比方說，我們住在農村，沒有冷氣，一定吃在地食物，但是他會接受，因為他知道這本來就是不一樣的旅行，也很願意多跟在地人交流。」

甲仙小旅行，連結在地情感、經驗、文化細節

在這幾年當中，台東的關山與池上、花蓮石梯坪、高雄美濃、雲林西螺等地，都可以看到洪震宇設計的小旅行。從二〇一三到二〇一四年，他把最多的時間留給了甲仙，也是在這裡，發展出更人類學式的旅行，更強調在地文化脈絡對追求深度與體驗的「旅人」的重要性。

他解釋，「剛來的時候，甲仙愛鄉協會與商圈發展協會都各做各的，『愛鄉』是社造單位拿文化部的經費，『商圈』是拿經濟部商業司的補助，很難一起合作。」二〇一三年時，楊力州拍攝的紀錄片《拔一條河》上映造成話題，他知道時候到了，也想透過小旅行幫助甲仙從八八風災重新站起來。於是他和當地的甲仙愛鄉協會合作開始

像人學家一樣思考：口袋書單

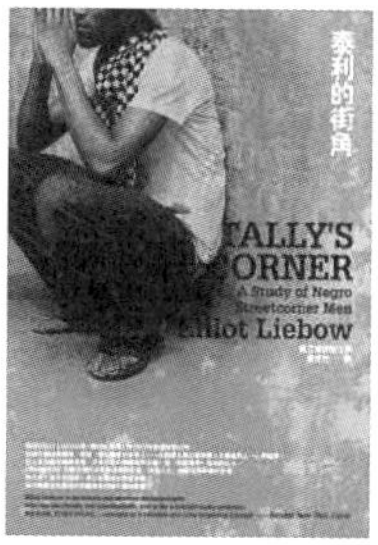

艾略特．李勃（Elliot Liebow），
《泰利的街角》，群學，2009

「一個白人寫下他進入黑人族裔的生活空間的所見所聞。書中提到，每個人進入田野之前會懷疑猜測質疑緊張，作者的老師和他説，你就進去，把腳弄溼，像個人類學家就對了，你想太多就行動不了。」

露思．貝哈（Ruth Behar），
《傷心人類學》，群學，2010

「如書名所示，人類學家一定要有一顆敏感的心，才知道表象的元素背後有什麼東西是觸動你的。你不夠敏感，就看不出來端倪。」

劉紹華，《我的涼山兄弟》，
群學，2013

「作者去中國探討當地邊緣非主流社會的愛滋問題。人類學常關注一個小地方，但這個小地方其實是一個大世界，只要你看得夠深。人類學家會觀察非主流、邊緣、少數。對我來説，創新正來自少數與邊陲，你看得夠深可以知道他為什麼還存活著？他肯定有一定的力量。人類學家關懷的很多是被資本主義、被文化忽視的人，他們的生活與悲痛到底在哪裡？去了解，你才知道我們要做什麼事情，幫助這個社會更好。」

做田野調查，跟著地方上的人一起考察這個區域裡的農業與飲食。他發現甲仙除了有豐富的農產，更有「移民」的特質：被日本人移來抵禦山番的西拉雅族、從雲林嘉義移動到此地的客家人、從東南亞各國嫁來的新住民，一起組合成現在的甲仙，讓這裡的飲食光譜充滿了混合色彩。

在調查過程中，因為待得久、看得深，洪震宇會看到當地人自己都沒意識到的特別之處，他們本來覺得那就是自己的生活沒什麼特別的，但在洪震宇眼中，他們的生活就是旅行的元素，越日常越有趣。「跟著洪老師，我們認識了過去不知道的甲仙！」甲仙愛鄉協會裡一起經營小旅行的在地人這樣說。

當甲仙的年輕人因為地方上缺乏工作機會而離開，在地的文化與歷史變得無法傳承之際，透過田野調查向老人家追問逝去的記憶、從在地挖掘出快凋零的傳統，對於甲仙當地人而言是難能可貴的機會，更有助於重新從自己的泥土上建立自信的腳步。

田野調查中觀察到的文化細節，成為洪震宇為甲仙小旅行設計體驗行程的元素。不同梯次的三天兩夜小旅行中，旅人可以跟著愛鄉協會安排的地方講師一起下田種稻、收割稻作、種芋頭、摘龍鬚菜、為瓜類施肥，也跟著關山的平埔族「十八歲」老太太（當地八十歲稱十八歲）一起做米食點心，和芋冰城的阿忠一起製作手打芋冰等。因為這些體驗，旅行中吃到的食物都有了座標，旅人更與腳下這片甲仙土地及生活其中的人們，產生了自然卻又深刻的連結。這些旅人們或許是因為洪震宇的個人魅力，也可能是因為風尚旅行社的品牌而選擇了甲仙小旅行，但隨著行程結束，他們卻都成為和甲仙這地方「有關係的人」。因為午休時間有機會和村長聊天，他們意外地發現了一段被遺忘的歷史；因為吃了來自東埔寨的文香所做的晚餐，他們一同感受到了新住民在這塊土地上的認真與努力。這些都是旅行中自然發生而且不能被取代的回憶，有參加者就說：「我以為這些體驗只能在國外遇到，沒想到在國內也有這樣的旅行！」

小旅行對內整合、對外連結

每一次的小旅行對洪震宇來說，都是一回田野調查工作。他總是在過程當中細心觀察旅人和在地人的互動，豎起耳朵聽他們之間的對話，因為這些互動與對話之中，總隱藏著更多的在地情感、經驗與細節，可以從中再去認識這個地方更多、更深。

在洪震宇眼裡，甲仙小旅行更發揮了「對內整合」與「對外連結」的效果。在對內的效果上，原本地理上不同的社區（如甲仙、關山、寶來、那瑪夏），人群上不同的族群與社群（如新移民、愛鄉協會與商圈發展協會），都能因為小旅行的緣故串連在一起，一同和旅人結緣。在對外的效益上，因為小旅行越來越成功，讓甲仙能夠一步一步走出颱風災區的印象，開始成為媒體、地方單位、公部門等都想合作的對象。

現在，甲仙已成為南台灣兩天一夜、三天兩夜小旅行的重點選擇，地方人士也開始有能力發展出自己的農事體驗旅遊行程。但憂心小旅行創造出來的經濟模式崩盤，洪震宇也再三提醒地方不要削價競爭，同時呼籲公部門在分配資源

洪震宇運用人類學的態度與方法設計「小旅行」，發揮向內凝聚、向外連結的雙向效益，活絡地方發展。

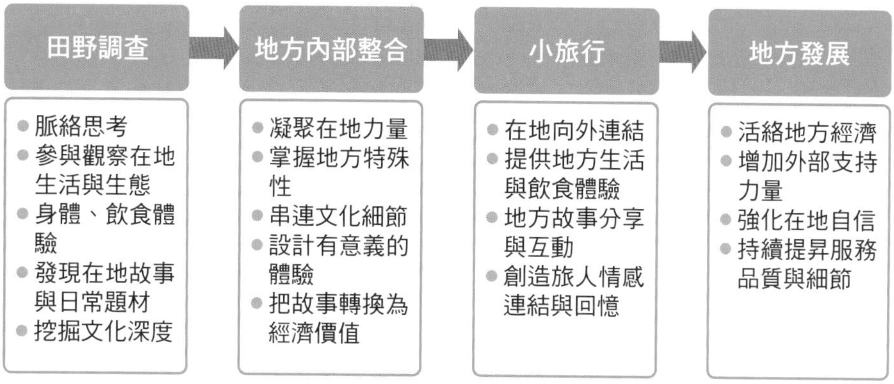

時，避免直接補貼旅客的旅費。他認為，直接降低旅行的定價來吸引更多觀光客，只是一種短暫的興奮劑，無法真正改善地方的經濟體質。相反地，把經費用在帶動地方活絡的講師上，或是用在向小農買更好的食材來烹調，則能提昇服務的品質與細節，讓旅人有更好的體驗與回憶，也讓地方得到更深的自信。

在一次地方與公部門共思甲仙未來發展的工作坊中，曾在紀錄片《拔一條河》裡一臉愁容、憂心風災後重建工作的芋冰城老闆阿忠，帶著自信的口吻分享道：「這一年來我們跟著洪老師從田野調查開始，到一起經營小旅行，我們可以說已經從風災的悲情中走出來了！現在我的工作已經不是冰店老闆，而是到處演講，介紹『甲仙小旅行』！」

可以看見的是，曾和洪震宇共同努力、一起投入小旅行工作的甲仙人，舉凡愛鄉協會的成員、商圈發展協會的成員、學校教拔河的教練、幫忙做飯菜的新住民等，都同樣有了「旅人」這個概念。對比週末開車上山快速消費後就離開的「觀光客」，參加小旅行工作的甲仙人越來越清楚眼前這群旅人願意花時間認識地方、和在地培養感情、尋找深刻的文化體驗。隨著這樣的認知越來越明晰，一同參與規劃旅行體驗的在地人也更加懂得挖掘在地文化，並且驕傲地介紹給旅人！而這些曾經來過甲仙深度體驗的人，離開之後亦成為在地農產、地產最忠實的顧客，定期訂購曾經入口的在地美味，更不忘關心甲仙朋友的近況。

洪震宇以人類學家的態度與方法設計出獨特地方小旅行，讓旅人與甲仙相遇、相知，讓相識產生深度，也將此轉換為相惜的濃度。

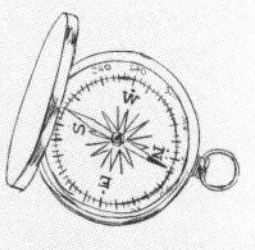

挖掘厚數據

旅行、觀光與人類學

人類學和旅行的緣分非常深，除了人類學家本身就必須旅行到田野地做調查，十九世紀早期的人類學家還沒發展出現代田野調查方法之前，也都仰賴旅行家與傳教士的遊記或是旅行日記，才有故事可以分析，這也是「搖椅上的人類學家」一詞的由來。

●反思觀光產業對地方文化的影響

今日，旅行也成為當代人類學家的重要課題之一，這有幾個背景因素。首先，在全球化的影響下，旅行成為影響人類文化景觀重要的因素，這不光是人的移動，也帶來了經濟與資訊的交換。

其次，伴隨旅行而發展出的「觀光產業」，往往在經濟規模上帶來對地方文化的影響。舉例來說，在中國雲南瀘沽湖畔的摩梭族因為奉行母系社會制度，成為觀光客尋求奇觀式旅行經驗的最愛之一。雖然旅遊觀光業帶動了地方經濟，但也影響到年輕一代摩梭族人的經濟模式及對於自己文化的認同感。以摩梭族為研究對象的人類學家馬夏雯（Siobhán M. Mattison）等人皆呼籲，要注意觀光產業對當地社會制度帶來的影響，或是鼓勵轉向發展以地方文化與環境為主體的「生態旅遊」（ecotourism）。

●換位思考，像人類學家一樣去旅行

人類學式的研究除了探討旅遊觀光對於地方的影響，其實也可以看到本身發展為觀光體驗的可能性。就如洪震宇主張的「我們應該要像人類學家一樣去旅行」，這不僅是要看到地方文化的深度，也是要旅人們能夠換位思考，不要把自己的價值觀帶入旅遊所到的地方社會。另一方面，旅遊觀光業本身也可從人類學的反思性角度來重新自我檢驗：「我是在販賣一次性的消費？還是在建立旅人與在地之間的友善關係？」

鍛鍊你的人類學之眼

民族誌田野調查
ETHNOGRAPHIC FIELDWORK
人類學家以發展民族誌為目標的田野調查工作。

參與觀察
PARTICIPANT OBSERVATION
人類學民族誌田野調查方法之一，強調研究者不單對被研究者進行觀察，也應直接參與被研究者的生活與行動之中，才能得到最直接的第一手資料。

民族誌書寫運用田野工作來提供對人類社會的描述研究。包括對於日常行為的直接與第一手的觀察、參與式觀察；也運用許多方式進行訪談，包括有助於維持互信關係的閒話家常、提供當下活動的知識、長時間訪談等。

參與觀察，掌握第一手了解

麗貝嘉．納珊（Rebekah Nathan）在大學裡教了十五年的人類學之後，發現自己對於學生越來越不了解，除了課業問題之外，學生不會來她的辦公室聊天、對她邀請一起做課外研究沒有反應、聽課不做筆記、帶著午餐在教室大吃，甚至把腳翹到桌上睡覺……這些現象讓她百思不得其解，不知道該怎麼設計課程。作為人類學家，納珊決定要重新理解美國大學的學生文化，而她的策略是重當一名大一新生，並且以此經驗完成一次民族誌式的田野調查。

納珊用她的高中畢業證書，申請了她所任教的大學，並且很快地被接受了。二〇〇二年六月，她撕下汽車上的教授停車證，就像每一個美國大學的大一新生一樣，參加新生訓練、入住學生宿舍、選好了課，開始她人生再一次的大一生活。

已脫離學生身分很久的納珊，很快就遇上了她的「文化震驚」——原本可以開車到達的校園角落，現在只能用走的過去，校園突然變得廣大而且陌生。跟同學打完排球後，她很順手地拿起冰啤酒喝，結果被像是糾察隊的人警告，因為一般美國大學生要年滿二十一歲（大三）才能喝酒。同學之間的語言她也格格不入，日常用語不僅不同，連講話的速度都搭不上。但隨著她擅長的田野工作慢慢適應，她交到了一起讀書玩樂的朋友，真正成為這個學校的大一新生；她依舊秉持人類學家的身分，每晚躲回宿舍寫下她參與觀察後的田野筆記。在研究的後期，她才向同學揭露自己的身分，邀請他們到自己的房間做訪談，好解決在這段時間累積下來的疑惑。

納珊這一年的田野調查最後成了《當教授變成學生：一位大學教授重讀大一的生活紀實》一書，書裡的內容打破很多大學老師對於學生的想像以及對於大學教育的預設。如她所觀察到的，大一階段的學生要面對很大的時間管理挑戰，同學們常常會自動限制功課量，只做最需要做的。她提到：「我越來越清楚知道，我的課程只不過是學生面對選課的選項之一，就像是被人把玩的許多球中的一個而已。我還了解到，經驗豐富的學生會預先對課程安排及早準備，來應付各項事情的需要。」學生們對於他們所學習的內容也忘得很快，因為校園生活有太多新鮮事等著他們。

納珊提醒，美國大學教職員正日漸喪失對於大學任務和方向的掌握。她期待有更多的大學教師都能從學生的角度來思考大學教育，做出更好的大學教育設計。

思·考·練·習·題

❶納珊對於學生的疑問，如果不經過田野調查，還有什麼更好的方法可以解決？

❷你在日常生活中，有沒有對某個群體抱有疑問與好奇心，想要發展一場民族誌式的田野調查？

參考書目：

Rebekah Nathan, *My Freshman Year: What a Professor Learned by Becoming a Student*. Ithaca: Cornell University Press, 2005.（中譯本《當教授變成學生：一位大學教授重讀大一的生活紀實》，張至璋譯。台北：立緒，2006。）

第十三章

黃婉玲：追尋台灣辦桌文化、道地古早味

憂心台式古早味的凋零，黃婉玲走訪店家、老師傅，到辦桌現場習藝，去「阿舍家」免費下廚學習台系大菜，她長時間浸淫於田野現場，透過參與觀察、訪談與親身練習，她就是一位學院外的人類學家，挖掘台式美味的今昔，為本土飲食保存了珍貴的文化根脈。

「這道菜是香酥鴨，很多菜系裡都有這道菜，但是台灣的香酥鴨有台灣人的移民精神，要物盡其用，所以我們要做到能把骨頭都壓碎，骨頭要能入口……」星期天下午的烹飪教室，擠滿來自各地追尋台灣古早味的人，他們正聚精會神看著黃婉玲老師示範如何做出一道道美味老台菜。隨著電影《總舖師》在二〇一三年票房賣出佳績，喚起大眾對於「辦桌菜」的熱情，為該片擔任辦桌菜顧問的黃婉玲也跟著為人所知。她撰寫的《總鋪師辦桌》一書堪稱是整部電影的原型，拍攝時，她更親自為電影製作團隊示範多道即將失傳的「手路菜」。

黃婉玲對台式美味的追尋之路，已默默堅持超過十五年，當中的過程就像是人類學家鑽入一個新世界般的「田野地」一樣，充滿了挫折、故事與驚喜。而今，她更積極開班授課，心心念念要把即將失傳的老台菜傳下去。

望族小姐，自學華麗大菜好手藝

面對鏡頭總是一派端莊華貴的黃婉玲，出身台南地方望族，而她對美味的探索，就從她的大家庭開始。母親來

自素有「南瀛第一世家」之稱的柳營劉家望族後代，黃婉玲自小在優渥家庭中長大，家裡有自己的廚師，從講究美食的環境中培養出敏銳味覺，小學五年級便早早顯露出對廚藝的興趣與天分。

黃琬玲曾留日習得美容美髮好手藝，和夫婿林偉民結婚時，她已是三家美髮造型沙龍的負責人，後來還轉戰房地產，可能是家族基因的緣故，她在商場上的表現一向不錯。雖然忙碌，總會撥出時間練習一下廚藝，好手藝也得到夫家的肯定。黃婉玲善於料理，讓兒子林子翔成為學校風雲人物。兒子唸中學時，她常常花一整個上午準備他的便當，三層便當的華麗菜色，讓同學老師羨豔不已。不過，對她而言，「家常菜」才是廚藝的大挑戰——因為出身地方望族，家裡的飲食多由自家私廚或外聘廚師料理，也常在外享用台南各類型餐館的美食，自學的菜色是傅培梅系列食譜上的大菜，讓黃婉玲對台南在地一般家庭日常生活中的家常菜一無所知。後來透過朋友，才知道原來簡單用茭白筍蒸、再淋上醬油與蒜泥，就可以成為一道美味的家常菜。這刺激她思考自己的味覺經驗，思索到底什麼是在地的味道？自己和腳下

百工裡的人類學家

黃婉玲：「人要真的跨越時空很難，但在『菜』之中可以回到當年的時間與空間。糕點師傅對於老味道的堅持，小吃攤的回憶，都讓這些菜不只是菜，有故事就有生命，有故事就能留下我們以前生活的方式。」

- 飲食作家、「黃婉玲的烹飪教室」教師
- 用田野調查的方式，挖掘出台式古早味不為人知的故事與菜譜，尤以完整描述辦桌文化知名
- 專著有：《總鋪師辦桌》、《被誤解的老台菜》、《府城世家尋味之旅》、《黃婉玲經典重現失傳的台菜譜》、《百年台灣古早味》、《一碗肉臊飯》、《台菜本味》等
- https://www.facebook.com/TaiwanCuisineClassroom/

的土地又有什麼樣的關係？

從家常菜出發的美食田野之旅

真正帶著黃婉玲走出自家廚房、開始「尋味之旅」的是兒子林子翔的疑問。在兒子拿著「家常菜」考驗她的那段時間，她正好想著要把孩子送出國唸書，兒子問「台灣有什麼吃的文化可以帶到國外？」一個生活化的味覺提問，讓黃婉玲重新面對自己已經西化的口味，開始探索周邊台南府城深厚的庶民飲食文化，尋覓在地古早味的小吃與點心，她希望能一一學會並記錄下來，讓孩子把台灣美食文化帶到國外去。

接下來幾年，好學的黃婉玲親自走訪台南大街小巷，從糕餅業開始做調查訪談，接著再追蹤小吃與各種在地菜色。她找到許多過去非常流行但正逐漸失傳的點心，如煎鎚（台南安平地區類似蚵仔煎與蚵嗲的點心）、雙環糖（婚禮時的點心，以糖、麥芽膏與地瓜製成）、板煎嗲（又稱麵粉煎，類似鬆餅的點心）等，用心探尋在地手藝人的故事，也將府城生活、禮俗與文化一一記錄下來。

深入美食師傅工作現場，用「菜」寫人的故事

黃婉玲的田野調查並非一開始就順遂。出身大戶人家的她，起初就如同「菜鳥人類學家」，完全打不進田野地裡「報導人」的圈子，遭到店家老闆與師傅的無情拒絕。這種「沒有面子」的挫折感給好強的她帶來很大壓力，一度還有心悸問題；醫生追溯問題端倪，建議她「不妨先從到廟口待著」開始。

「我雖是真正土生土長的台南人，卻不瞭解台南人用字遣詞是有微妙分別的，上層的台南人、海邊的台南人、不同社群的台南人用語都不同。趁著孩子去上夜間輔導課，我到廟口去跟大家聊天，一開始聽不太懂沒辦法插話，也不瞭解他們的邏輯，花了一年才打入，聽懂之後走訪店家也才真的變得比較順利。比如說，台南人見面打招呼，

1

2

3

4

5

6

1-6 追尋古早味的黃婉玲長期浸淫田野工作現場，並把調查研究成果透過烹飪教學分享出去。

你也可以成為「台菜傳人」！

黃婉玲用田野調查的方式，深入台灣庶民飲食現場。

她挖掘總鋪師不為人知的故事與菜譜，進一步跟他們學習「手路菜」，即辦桌菜裡的「功夫菜」。在擔任電影《總鋪師》的顧問期間，為了重現「換骨通心鰻」這道名菜，她自費花了幾萬元買鰻魚與各項食材，不斷實驗後終於成功，成為電影裡令人驚豔的一道菜色。

隨著田野資料的累積，黃婉玲也意識到，若要完整呈現「辦桌」與「總鋪師」的文化，不能只寫端上桌的菜色，而是一定要描述整個「辦桌文化」的人（總鋪師、水腳等）、事（婚禮、節慶等）、語言（專業術語）與儀式（與食物有關的禮俗），這些都必須完整加以調查記錄。最後的成果就是《總鋪師辦桌》一書，她忠實呈現圍繞在「辦桌」的所有文化細節——這是一本飲食文化的紀錄，也像是一部人類學民族誌。

寫完《總鋪師辦桌》之後，黃婉玲的寫作進入了新的階段。她更重視每一道老台菜背後的文化意義，寫下《老台菜》重現豬腳魚翅、小封、通心鰻、古早台式年菜、菜尾湯、香腸熟肉等傳統台菜；她重新整理家族的飲食記憶，寫下《府城世家尋味之旅》，引領讀者在舌尖想像傳統大戶人家裡的生活與品味；並以《黃婉玲經典重現失傳的台菜譜》，教作阿舍菜、酒家菜、嫁妝菜、辦桌菜、家常菜，鼓勵人人都能成為「台菜傳人」。

我們原本會講『擱早』或是『早安』，但在廟口是說『呷飯沒？』這還是小事，甚至有人會說『還沒死啊？』」講到這裡，黃婉玲一陣大笑。慢慢地，黃婉玲身上原本外顯的大戶人家貴氣變成得內斂，語言跟著一起「入境隨俗」，邀訪也變得容易許多。在採訪現場，她拿的不是輕便的錄音筆，而是小型卡式錄音機，在老師傅旁邊錄音、做筆記。「訪問時不能用錄音筆，因為老一輩人看不懂的東西就不行，他們看到我用卡式錄音機才會接受。現在錄音帶買不到了才糟糕，所以看到時一定會買多一點。」黃婉玲分享採訪老手藝人的技巧。

隨著自己在飲食的圈子待越久，和地方上的美食師傅越來越熟，黃婉玲的寫作也從書寫食物的歷史典故跳脫出來，慢慢地轉向寫「人」，開始用「菜」來寫人的故事。「糕點師傅對於老味道的堅持，小吃攤的回憶，都讓這些菜不只是菜，有故事就有生命，有故事就能留下我們以前生活的方式。」黃婉玲肯定地說。有些人以為黃婉玲做調查採訪是受到當記者的夫婿影響，但是她的工作型態不像新聞記者一直追著時間跑，反而更像是人類學家，長時間浸淫於田野現場，透過參與觀察、身體實際操作與深度訪談，挖掘與建構起一個美味的世界。而她碰過最大的「文化震驚」、最為坎坷因苦的田野工作，正是令她最難忘也最廣為人知的「總鋪師」研究。

記錄辦桌菜，免費當「水腳」

「我小時候根本沒吃過辦桌！」黃婉玲語出驚人。

西化的家庭背景讓她從沒機會吃到坊間的「辦桌」，聽朋友講「呷辦桌」、看到路上熱鬧的辦桌棚子，心中始終存著好奇；加上家族長輩過世，驅使她開始研究總鋪師的手藝。「採訪《總鋪師辦桌》應該是一個心理上的原因。那一年結婚紀念日，我們全家去慶祝回來，晚上十點多接到表弟電話說：『大姨與二姨今天都走了。』兩個長輩同一天過世，怎麼可能？我從小受的訓練是感情要內斂，不敢隨便表達，也不知道該怎麼表達。這段時間我非常痛苦、不知所措，我跟她們感情非常深，如何能轉移痛苦不再悲傷？那時便想，我去瞭解『總鋪師』是怎麼回事好了！」

只是她萬萬沒料到，原本以為是療傷的過程，竟然帶給她前所未有的挑戰。不同於路邊的小吃或糕餅鋪，辦桌如此大型的調度場面，著實帶來了調查研究上的難度，更別說每一場辦桌都是分秒必爭的戰場，師傅們哪有時間慢下來讓她採訪！然而，她知道如果不直接走入辦桌現場，不去贏得總鋪師們的信任與認同，調查工作不可能完成。所以她咬著牙，像當初在廟口學習一樣，冒著被嫌棄厭惡的風險，開始一場一場地觀察到底什麼是「總鋪師辦桌」。相較於餅鋪或是小吃，總鋪師的世界對黃婉玲來說更為陌生，更難以打入。由於同行之間的相互競爭，師傅對於自己的手藝與菜色大多較為保守，不喜歡與外界往來；加上總鋪師多半來自社會的中下階層、教育水平不高，在辦桌以外的場合經常不受到整體社會的尊重，讓他們更顯孤僻，這些都讓她的辦桌研究變得難上加難。打電話邀訪被拒絕奚落、人到了師傅家被賞閉門羹……讓她嚐到了人生最不堪的對待。但她因為有之前的經驗，拿出了無比的恆心與毅力，硬是跟在辦桌現場邊看邊學，終於有機會開始當師傅的「下手」，幫忙備料。

辦桌場是一個專業的工作場所，有各種專業術語，若搞不清楚這些詞彙往往就跟不上總鋪師的指揮。「我房間裡貼滿做筆記的紙條，平常不斷複習，因為搞錯了師傅不會理你。每個總鋪師的邏輯與術語都不同，因為區域與師承不同，你幾乎都可以透過術語，追蹤出他們的來歷與師承。」她說。

從不懂專業術語，到學會和總鋪師與其他「水腳」（現場幫忙總鋪師的助手們）交談，從不知道怎麼站位子到可以俐落出手幫忙，黃婉玲慢慢地打入了辦桌圈子，她的努力逐漸得到辦桌師傅們認同，他們也樂得有一位免費的得力助手，幫他們省下一場一千六百元的「水腳費」。

黃婉玲在辦桌現場得像其他水腳一樣，忙起來五、六個小時沒得休息，也少有機會上廁所，一場辦桌忙下來渾身癱軟無力。雖然是以收集資料、作採訪為目的去當「水腳」，但在辦桌現場不能錄音，更忙到沒時間記筆記，完全得用心、用眼來記。辦桌結束後，她總是撐著疲倦得快要閉起來的眼睛，趕緊記下這場辦桌的菜色內容、工作時聽到的精彩故事，就這樣一點一滴累積起她的田野資料。

最震撼的一次經驗，是黃婉玲在辦桌場子旁邊站了三個月之後，那時她終於得到辦桌師傅首肯讓她當「水腳」幫忙，沒想到第一次上陣切料，被師傅嫌慢，她速度一加快，不小心切到左手食指，在料理台上血流如注。她向師傅求救，而師傅只是用黑色的電器膠布幫她把傷口綁了一下，就回頭繼續忙，傷口事後縫了好幾針。

即便如此，還是擋不了黃婉玲對「辦桌菜」的熱情。沒多久，她又回到辦桌現場，不屈不撓的精神也讓老師傅折服，開始願意多教她一些。到今天，她的左手食指還留有疤痕，也因傷到神經而不太靈敏。這道傷疤讓黃婉玲見證到辦桌現場的認真，同時一直提醒著自己：沒有什麼過不去的難關！

跟總鋪師學辦桌，復原失傳「手路菜」

在熟悉「水腳」的工作之後，新的挑戰又接著來到。「見習一年多之後，一位師傅的媽媽跟我說：『妳如果不會做好菜，永遠沒資格寫出好書。』於是我決心跟師傅好好學，變得更賣力。星期一到五的下午，我自己出錢買菜請他

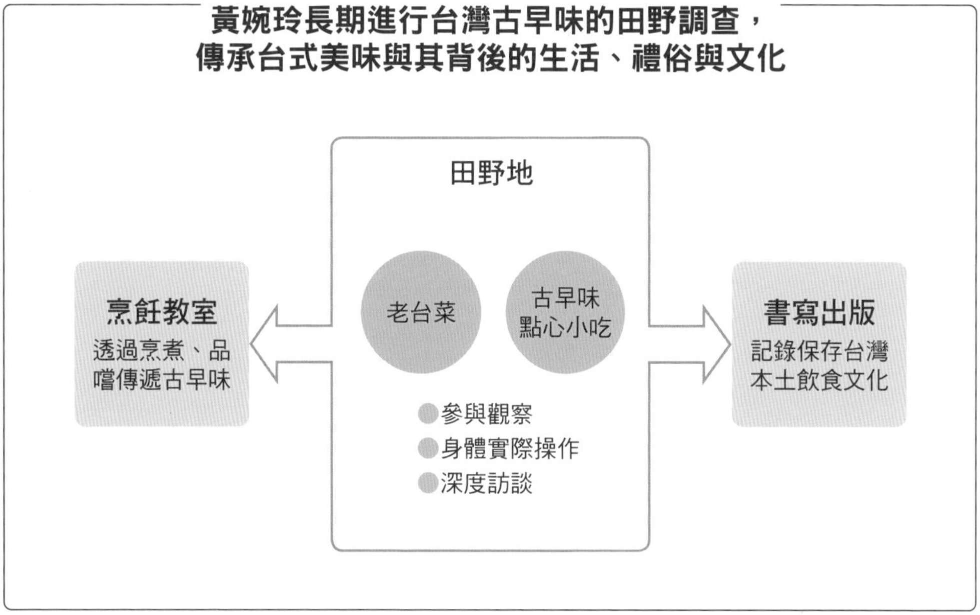
黃婉玲長期進行台灣古早味的田野調查，
傳承台式美味與其背後的生活、禮俗與文化
田野地
老台菜
古早味
點心小吃
參與觀察
身體實際操作
深度訪談
烹飪教室
透過烹煮、品
嚐傳遞古早味
書寫出版
記錄保存台灣
本土飲食文化

們教我，做完菜就留給他們當晚餐。」不同於當「水腳」幫忙備料，學做「辦桌菜」必須懂得試滋味。得先吃過辦桌師傅做的成品，用舌頭記下味道，然後再實際操作，並且從食材的組合當中找到最理想的搭配。在長期做白工苦學之下，黃婉玲對於味道的辨別能力越來越好，手藝也越來越精湛。「直到學會了『五柳枝』的調味，我才茅塞頓開，真的把食材組合、烹飪手法、調味技巧都搞懂了。在這之前一年兩個月的時候，我曾經想放棄。因為我一直做白工，每天一直虧錢。幸好我以前很會賺錢，有本錢虧。」她打趣。

今日回想，雖然老總鋪師給了黃婉玲不少磨難，但看到他們對於工序如此講究、對味道的傳承念茲在茲，她心中仍充滿感動：「一位老師傅在生命的最後三天，為了傳下『換骨通心鰻』這道菜，還特地撐著回到家裡，把作法傳給他的老婆、兒子，然後才回到醫院，嚥下最後一口氣。」想到這些總舖師們或許教育程度不高、生平也不受社會尊重，但他們卻都是用生命貫徹自己的信念與使命，黃婉玲感性地說：「這群老師傅都是哲學家，教了我很多。他們教了我在大戶人家裡面從來沒有學到的，使我的人生更完美。」

找回「阿舍菜」的滋味

在整理完總鋪師手藝與自家的飲食回憶之後，她的調查重心一路發展到「阿舍菜」。

「阿舍」就是以前的大戶人家與地方望族，但可不是每個大戶人家都能被稱為阿舍：「當年阿舍會以身為『阿舍』為榮，但『阿舍』不是自己封的，而是由百姓給予的；『舍』要懂得約束自己，扮演好自己的角色。這是台灣的早年風俗，我們家也是到了第五世祖才被封上『舍』字。從此後代子孫的名字才能出現「舍」字，子翔叫翔舍、我叫玲舍。」黃婉玲解釋「阿舍」的由來。

正因為這些阿舍家都有深厚的經濟實力，他們的生活與飲食也都是早期台灣上流社會的指標，所以黃婉玲說：「台菜怎麼會沒有大菜呢？台菜不是只有小吃，台菜的大菜都是在阿舍家裡面。」

就像黃婉玲的娘家一樣，以前阿舍家裡有總鋪師掌廚，能找來當地最好的食材，花最長的時間、最細膩的功夫來雕琢每道菜的好味道；對味道講究的阿舍們，也總會不斷挑戰總鋪師的廚藝。因此，大戶人家的「私房阿舍菜」正是台菜的精華。然而，隨著時代發展，阿舍們的經濟條件改變，請不起總鋪師在家掌廚，阿舍菜也慢慢失傳。

而要找回失傳的阿舍菜，得要先設法進入阿舍家的家門邊做邊學，這在社會階級界線清楚的台南不是容易的事。「要進阿舍家很難！他們在社會上都很有地位，自視甚高，事事都有自己的邏輯與規範。因為有姻親的關係，他們不得不接受我的拜託。他們都認為我有病，不懂我為什麼要做這些事情——我去煮飯給他們吃像是矮他們一截，認為我鄙視自己來襯托他們，對我媽媽會不好意思。我只好努力去說服他們，我的興趣在這裡，我有病。」黃婉玲自嘲地說。

但是，辦桌菜還有師傅可以問，阿舍菜多半已經隨著家裡老師傅凋零而失傳。面對這樣的難題，黃婉玲再度拿出實驗精神，一道一道地試驗，她把學會這些大菜當成是自己的責任，「台灣的大菜都集中於有錢人家，他們不會自己公開的。我找到那些有錢人家，請他們口述，仔細告訴我曾經吃過什麼，但是他們自己不會煮，我就照著他們說的，一道一道實驗做給他們吃，他們吃了說『對了』，我就還原到阿舍菜了！」她以「菱角排骨酥」舉例，「菱角排骨酥這道菜照理講很簡單，但訣竅是必須加芋頭，而且味道要甜中帶鹹、鹹中帶甜，我一直拿捏不到要訣。等到我抓住訣竅後，心想『難怪嘛！』不要說阿舍喜歡，這是老饕都會愛的菜，現代人真的做不出來。」

對她來說，幫阿舍們做飯，不僅僅是下廚而已，而是透過他們找到了自己腳下土地的歷史。這些阿舍們或許不解為什麼曾是千金大小姐的黃婉玲要幫自己下廚，但味覺總是誠實地帶著他們跨越時間與空間，回到曾經的風華時代：「阿舍長輩不知道怎麼煮，只能說出顏色與味道。後來我終於還原成功，他們吃到的時候那種感動的表情像是回到當年。在他們身上我得到一種成就感。人要真的跨越時空很難，但在『菜』之中竟然可以回到當年的時間與空間，這讓我覺得很曼妙，我玩得很快樂。」這些實驗，都必須跟時間賽跑。「阿舍菜的調查必須趕快，因為老人家正在凋零，八十歲以上的才有資格被稱作阿舍，七十歲以上的還不見得有資格。這十五年間，我最辛苦的就是跟時間競賽，時間不等你，有時候去了，人已經再見了，這條線就沒有了。」黃婉玲感慨地說。

古早味烹飪教室：尋根和傳承

眼看著台灣的古早味不斷流失，黃婉玲於二〇一四年決定站出來教課，成立「黃婉玲的烹飪教室」，立志把十幾年來學到的在地美味，不藏私地傳授出去。

「我們學員裡面三分之二不是台南人，很多是從台北特地來學的。有一位馬來西亞人專程來上課，他的爸媽還陪著一起。他做完菜之後帶回飯店請爸媽品嚐，他們說這就像小時候吃到阿嬤的手藝。他們是從『吃』來尋根。」

不管是糕餅師傅、總鋪師，還是阿舍們，黃婉玲總是感嘆時間走得太快，來不及記下所有曾經的美好。在親眼見到好幾位老師傅仙逝，曾有的美味也隨之消失不見，她不僅在調查採訪上著急，更急著把這些「古早味」傳遞給有心想學的人。味道是無形的，必須透過人的烹煮、品嚐才能傳遞下去，因此，她在教室訂下了「以一傳十」的規矩：「我要求學生一次要做十人份的菜色，為什麼？因為你一定吃不完，這逼著你必須帶回家去宴客。你宴客時是不是要找十個人來吃掉？這樣好味道就傳出去了！所以學生們下課前都會先打好電話，把人約來家裡吃飯。」

黃婉玲要把這些菜傳下去，更要讓已離開人世的老師傅們，得以藉著美好的古早味繼續活在這世界上。「聽學生說我上課非常嚴格，但我自己完全不知情。我只知道，我必須把老師傅的技藝完完全全傳給學生，因此必須凝聚注意力，一個點都不能漏。我要做的是要學生超越我，這樣老師傅就得到永生了！他過世了沒錯，但因為很多人學會了這道菜，他就活著了！」如果沒有黃婉玲如此專注的精神與過人的毅力，或許就沒有電影《總鋪師》的精彩內容，這些老台菜也很可能真的慢慢為人淡忘。黃婉玲就像人類學家一樣，打破了階級與職業的界線，讓台菜文化得以再現。她是真正的「百工裡的人類學家」。

挖掘厚數據

田野調查與人類學

田野調查和人類學家互相定義著彼此，而在今日，很多人雖然沒有機會在學院裡學習人類學，但仍能善用民族誌式的田野調查方法工作。到底學院內外的田野調查是否有所差異呢？

學院內外田野調查的差異性

學院裡的人類學家所發起的田野調查，往往都有一定程度的「理論性」，是根據特定學術議題發展出來的，例如「全球化」、「性別」等議題，並從中發展出研究計畫，向相關單位爭取執行經費。研究的成果往往都以學術發表為優先，從中爭取學術位置的晉升。由學院所發展出來的人類學田野調查，也都要求遵守比較嚴格的倫理規範，或是要求研究計畫要經過研究倫理的審核，以避免對研究對象造成負面影響。

相較之下，學院外的田野調查往往都從調查者本身的「興趣」或是關心的「議題」出發，比較不會去在乎和學術界或是相關民族誌出版品之間的對話；如果是帶有商業目的的田野調查，自然也以完成商業任務為導向。雖然這樣的研究未必有國家或基金會的經費贊助，執行預算上往往比較有限，但是在調查過程中的限制比較少，有更多的彈性。這類田野調查所得的內容，通常也都以大眾書寫為目標，而非發表於小眾的學術期刊。

當我們身邊出現越來越多的「百工裡的人類學家」，我們也看到田野調查的形式與主題更加多元化。或許未來學界與非學界的研究界線會更加模糊，但二者無疑都將滋養我們對於人類文化的認識。在許多設計領域相關書籍中，都強調透過「民族誌田野調查方法」收集消費者的資料，主張要對消費者的行為作細膩的觀察與記錄，並從中發現消費行為的慣性與痛點。然而人類學家除了記錄行為之外，還會更強調要針對「消費的整體脈絡」、「消費者的社會位置」、「消費者的價值觀」等面向進行調查。從這角度來說，調查者對於「消費」本身有更細膩的研究，將更能豐富田野調查中所收集到的厚數據資料，所得到的資料也將更有深度與脈絡性。

鍛鍊你的人類學之眼

厚描
THICK DESCRIPTION

紀爾茲認為人類學家的工作在於詮釋，其民族誌田野工作與書寫不是只單純對現象做描述，而是能夠運用在地知識以「脈絡化」方式詮釋眼前文化現象對於當地人的意義。

詮釋
INTERPRETATION

紀爾茲從語義學出發，指出文化其實就是一套意義的網絡，文化行為就是一個文本，人類學家的工作是在意義的脈絡上進行詮釋。

厚描性詮釋地方意義脈絡，幫助理解文化現象的構成

一九五八年，人類學大師紀爾茲和妻子一起到峇里島進行田野調查。一開始頗為不順，直到參加村落裡一場非法鬥雞比賽、並跟著村民一起逃避警察的突襲取締之後，才算是真正進入了當地的社會。

在紀爾茲眼中，鬥雞不只是一場遊戲，更是一個深入理解峇里島文化的窗口。他注意到，雖然印尼政府禁止民眾參與鬥雞賭博下注，但峇里島各地幾乎都有鬥雞比賽，是島民日常生活重要的一部分，時有耳聞有人賭到傾家蕩產。在紀爾茲眼中，峇里島的鬥雞更像是英國哲學家邊沁（Jeremy Bentham）所說的「深層遊戲」（deep play）——賭注過高且參與的人毫無理性可言的遊戲。但要理解為何島民對鬥雞如此著迷，他認為要從不同面向切入。

首先，公雞在峇里島民的語言中不只是男性的隱喻，許多日常生活如法庭審判、糾紛等，也常直接以鬥雞來稱呼。峇里島男性會給予公雞最無微不至的呵護，希望公雞氣宇軒昂，因為每隻鬥雞都是主人自我的象徵。

其次，在鬥雞比賽中，參賽公雞的腿上被安裝刀片，由主人帶到比賽場地，進行一段大約二十一秒的戰鬥，

兩隻公雞會鬥到至死方休。由於過程充滿極大張力，使得現場所有人都全神貫注，並且相互串聯了起來。這也與鬥雞的古老意義相呼應：在過去，帶一隻鬥雞參加一次重要比賽，對成年男性來說是公民應盡的義務；鬥雞場也和廟宇、市場一樣，位於整個村落的中心。

再者，這是一種賭博。在參賽者之間的對賭，具有集體性，雙方賭博的金額是對等的，金額越大，代表雙方越勢均力敵。至於鬥雞場外圍觀眾之間的對賭，相對小型，比較有個體性，在賠率上也顯得不對等。

表面上，鬥雞賭的是金錢，但深層意涵上賭的是地位。因為鬥雞不只代表自戀的男性自我與主人的人格，人們也傾向在不同層次的鬥雞比賽中，選擇自己要下注的對象，可以是自己的宗族、村莊、家鄉團體等。

峇里島歷史上最偉大的文化英雄剎帝利王子，熱衷鬥雞，被命名為「鬥雞者」。有一次他因為與鄰國王子進行鬥雞比賽而離開，就在此時他全家遭平民篡位者殺害，意外地逃過一劫的他，後來回到家鄉手刃篡位者，奪回王位，並建立起強大繁榮的國家。這讓鬥雞不單是自身的象徵，也連結到社會秩序、抽象的憎惡、男子氣概與惡魔般的力量。正因為這些複雜的文化脈絡，對於峇里島人來說，出現在鬥雞現場與投身比賽之中，就是一種情感上的教育，牽涉到激情與對激情的恐懼，建構出一個象徵的結構，並在此一結構之中，建構起他們的文化氣質。紀爾茲對於峇里島鬥雞的「厚描性詮釋」，幫助我們掌握峇里島文化的意義網絡。

✔思・考・練・習・題

❶我們有沒有類似鬥雞的遊戲或是文化行為，可以作為進入台灣文化的窗口？

❷若要介紹台灣的飲食文化，該怎麼呈現「意義的網絡」，對日常的飲食文化進行「厚描」？

❸紀爾茲跟著賭鬥雞的峇里島民一起逃跑後，才真正得到島民認可，田野調查研究得以順利進行。要介紹一項地方飲食文化，我們需要經歷過如何的過程才能真正進入當地脈絡，捕捉到文化意義的網絡？

參考書目：

Clifford Geertz, “Deep Play: Notes on the Balinese Cockfight” in *The Interpretation of Cultures*. Basic Books, 1973.

第十四章

莊祖宜：廚房裡的飲食人類學

莊祖宜離開人類學學術圈，轉踏入廚師的世界，並且把廚房當作田野基地，以厚描法記錄風土、味覺、美食、文化，將廚藝興趣結合通俗人類學研究，成為中西料理文化的稱職轉譯人，推動飲食文化運動，也發揮了更大的社會影響力。

現在若是在網路上搜尋法式家常菜「紅酒燉牛肉」的料理方式，教你的可能不是現役的名廚們，而是在YouTube頻道上的「廚房裡的人類學家」莊祖宜。

莊祖宜從學術領域轉向廚藝領域的故事，已成為眾多年輕人的榜樣，她不僅推動飲食文化運動，更透過書寫讓大家更了解廚師的世界，以及美食背後的文化故事。

下廚調劑緊張留學生活

莊祖宜的廚藝之路，其實是跟著她的人類學之路一起開展的。她在高中時就很喜歡歷史與文化，嚮往人類學家到處旅行做調查的工作型態，原本打算大學唸人類學系或是歷史系，只是那時先甄試上了師大英語系，這願望就被擱置了下來。一九九八年，她辭去教職圓心願。沒有任何人類學經驗的她，赴紐約哥倫比亞大學攻讀人類學碩士學程，開始了她的人類學之旅。

「我沒有任何社會科學的背景，那時看到了哥倫比亞大學有一個碩士學程是給沒有人類學背景的人唸，便去申請。去了之後才發現所有同學都已經有了人類學的大學學位。第一個禮拜就讀伊凡斯普理查（Evans-Pritchard）的《努爾人》（*The Nuer*），大家都專注於批判作者的殖民論述，我卻對努爾人怎麼養牛、夏天時把腳放在牛糞中納涼……這些民族誌裡的小事比較有興趣。」

隻身在國外唸研究所壓力很大，讀不完的書與寫不完的報告，讓從小愛吃的莊祖宜特別想念台灣的家鄉味，便開始自己嘗試下廚。「我第一次做菜是因為很想吃牛肉麵，放學後就去買材料，牛肉的部位也沒選對，結果做出了一道很怪的醬油湯。但在備料切菜的過程中，讓我暫時從緊張的課業裡走出來。」

就這樣，下廚成為莊祖宜留學生活中最重要的調劑，口味也越做越好，時常招待朋友，她還和朋友說，未來唸完博士如果找不到教職，乾脆來開餐廳。之後，她進到西雅圖的華盛頓大學唸文化人類學博士班，未完成的博士論文討論的是「ABC」（American Born Chinese）的身分概念如何形成：

「我的博士論文探討『ABC』的身分概念，這些美國出生的華裔小孩，在美國就是美國人或亞裔美國人（Asian

百工裡的人類學家

莊祖宜：「人類學就是一套看世界的方法，你有了這個方法之後，到哪裡都可以做人類學研究。」

- 作家，廚師
- 將自己在廚藝領域的探索，結合本身的人類學研究能力與書寫專長，與大眾分享廚藝世界及美食背後的文化故事
- 師大英語系學士，哥倫比亞大學人類學碩士。
- 著有：《廚房裡的人類學家》、《其實大家都想做菜：祖宜的飲食觀點與餐桌日常》、《簡單、豐盛、美好：祖宜的中西家常菜》、《餐桌上的人間田野》等
- https://www.facebook.com/tzui.chuang

American），他們必須要移動到台灣或是其他的亞洲華人社會，才會讓他們有ABC的身分。」莊祖宜解釋。

她其實也想過拿自己最愛的「飲食」來寫博士論文，事實上「飲食」也是當代人類學的重要分科之一，但她還是決定把這個主題留在生活裡，不拿來做研究。「我想過做飲食的研究，那時也把相關的書都看了，但後來覺得這是我最喜歡的事，所以還是保留給自己，讓自己有一個可遁逃的空間。」

廚藝興趣，結合通俗人類學研究

然而，在田野調查結束後寫論文的這段時間，她的人生有了巨大轉變。那時，論文在焦頭爛額中寫完第一章，她跟著即將前往波士頓進修的美國外交官夫婿去找房子時，看到劍橋廚藝學校（Cambridge School of Culinary Arts）上課情形——她從落地窗外看見穿著廚師白袍的年輕學生正在跟著老師備料，心中無限羨慕。幾個禮拜之後她正式投入廚藝學校的學習。上了兩星期課之後，她就確定要放棄博士學位，改走廚師之路。

「因為不想放棄人類學的訓練，所以我一開始唸廚藝學校就動手寫部落格。我用人類學田野調查的方式，每天下課回家寫筆記，記錄廚藝學校是怎麼一回事、我的心情又是如何，就是把通俗的人類學研究和我的興趣結合在一起。」她在一次訪問中這樣回答。

莊祖宜從二〇〇七年開始經營部落格「廚房裡的人類學家」，記錄她在二〇〇六年揮別痛苦的博士論文後，投身廚藝學校成為專業廚師的種種經過。而人類學的訓練對於她轉行也有幫助：「進廚藝學校之前，多半接觸到的是社會的中上階層，進了廚藝學校之後，反而有機會接觸到來自社會弱勢的人。正因為人類學的田野工作訓練，要求人類學家能在一個不熟悉的環境中生活，讓我對於廚房裡的一切適應得更快。」廚藝學校畢業之後，莊祖宜跟著夫婿來到香港，並且得到了在知名餐廳實習的機會。她從人類學的觀察出發，分享她在香港餐廳、遊輪廚房的所見所聞：「在不同的餐廳工作或實習過後，我覺得越是層級高的餐廳，問題越多。想要摘米其林星星的餐廳，對廚房

寫書、拍視頻分享廚藝，吃出更好的未來

莊祖宜開始做視頻，是希望能和大家分享：用簡單的方法也能把菜做得好吃。「現在年輕一代太不會做菜，這個斷層實在是太嚴重了。大部分教做菜的節目，不是搞笑娛樂的就是只針對家庭主婦，很難吸引白領與學生。我覺得讓中青代願意去做菜是一件很重要的事，所以我在網路上推廣這些短短的視頻，讓大家喜歡且願意做菜。」

二〇一一年莊祖宜隨丈夫移居中國上海，因為忙著照顧孩子與懷孕的緣故，不再進入餐廳工作。熱愛分享廚藝的她在當地朋友協助下，開始製作廚藝教學短片，上傳到「優酷」與YouTube等網路平台上發表，讓喜愛下廚、想學下廚的朋友有更多資源可用。雖然只是在自己的廚房裡用簡單攝影器材拍攝，偶爾兒子還會亂入鏡找媽媽，但親切而生活化的風格讓觀眾更容易跟著莊祖宜做出好菜。

莊祖宜部落格精彩內容集結出版為《廚房裡的人類學家》、《廚房裡的人類學家：「其實，大家都想做菜」》，得到台灣與華文世界書迷廣大的迴響。網路視頻影片的內容也編寫成她的第一本食譜書《簡單・豐盛・美好：祖宜的中西家常菜》，鼓勵更多人親自下廚，吃出更好的未來。

1

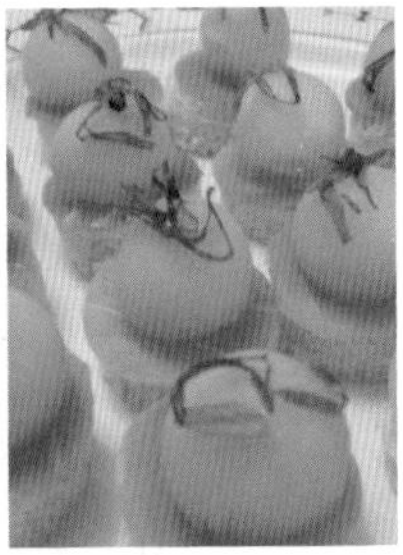

2

3

4

5

6

1-2 莊祖宜熟稔中西料理概念、用語和技法，扮演中西廚藝文化的轉譯者。

3 入境隨俗品嚐印尼小吃攤的雞湯，透過飲食認識在地文化。

4 透過料理教學與演講，莊祖宜向大眾分享她熱愛的廚藝文化。

5-6 餐廳廚房是莊祖宜的田野地，透過參與觀察，用人類學厚描法詮釋廚師的世界。

圖2、5、6來源：廚房裡的人類學家部落格

圖1、3來源：莊祖宜的微博

裡員工的壓榨常常非常嚴重。他們覺得讓你來這間餐廳工作，會讓你的履歷很好看，所以要你辛苦地熬。所有主廚都是這樣熬出來的，自然會有一種『媳婦熬成婆』的心態。」

她說，傳統的法式廚房就是像一支brigade（軍隊），是一個層級分明的結構，完全是一個口令一個動作。「學徒一開始先學做冷盤，慢慢一路從蔬菜、麵飯、魚檯、肉檯升到醬檯，過程得熬很久。有些人冷盤做的特別好，卻也因此只能一直做冷盤。很多廚師都說根本沒有機會看到太陽，每天天還沒亮就進廚房，工作十四、十五個小時，大家都是不見天日地在工作，好像超時工作是理所當然。加上餐廳為了達到最高生產力，每天要你重覆做一樣的動作，有如機器一般，所以是完全的『異化』。」莊祖宜部落格上的文章如人類學家的田野筆記般逐漸累積。她以廚房為原點，寫風土、寫味覺、寫世界，成了一部描述廚藝文化的民族誌，並善用「厚描法」詮釋廚師的世界。讀者從豐富的故事性敘述中感受到她廚藝的成長，也跟著她一起進入了廚房這個小宇宙的意義網絡。

每一餐的選擇，都關乎未來

「吃，在我們生活的這個全面工業化的世界上，不再只是維持生理機能或滿足口腹之欲的單純事件，而是我每吃一口飯、每一次在餐廳點菜或在市場買菜，都承擔了一個超越個人口味喜好的社會責任。你的每一個選擇，都對大環境有直接的影響，你也必須要承擔它的後果，沒有任何一個國家機構能幫你擋得掉！」她說。

當了媽媽之後，莊祖宜對於飲食安全更加重視。她不光是追求如何烹煮美味，更關心「飲食安全」與「飲食文化」等議題。二〇一三年她受邀登上「TED×上海」演講「吃出更好的未來」，在十七分鐘的演講中分享了一段發人深省的飲食反思。同年，她和「綠色和平」組織合作，推出「永續海鮮食譜」，呼籲民眾避免吃黑鮪魚、旗魚等食物鏈上頂端的魚種，減低對海洋生態的影響。

莊祖宜也認為，要真正改變每一個人與環境的關係，光靠呼籲並不夠，真正要做的還是要讓大家喜歡下廚做菜，「飲食是一件很大、很切身的事，和環境、文化、思想都有很深的關係。要讓大家瞭解怎麼吃更健康、對環境更好、提升飲食環境，最直接的方式還是教大家多做菜。你越常在家做菜，就吃得越健康。」

廚師＋人類學家＝料理文化最佳轉譯人

「歡迎各位聽眾來到張大春泡新聞，又到了這個月跟莊祖宜分享美食的『爪哇廚房』時間！」在廣播節目裡，張大春與莊祖宜暢談她在各地的飲食經驗。

跟著夫婿移居印尼之後，莊祖宜還沒有機會拍新的影片，但仍維持在每個月的最後一個星期五下午，與台北的張大春連線，一起討論居住地的飲食文化。這一系列已從「上海廚房」、「波特蘭廚房」發展到「爪哇廚房」，每個月莊祖宜都得做足功課，分別介紹她在這些地方的飲食經驗與文化脈絡。

「Sambal就是印尼的辣椒醬，印尼人吃薯條也要加sambal。他們不像我們用乾辣椒，只用新鮮的辣椒，每家都有自己的配方，每個區域也因為有不同的香料所以有不同作法……」搬到印尼雅加達之後，她學會了印尼語、努力融入當地的生活環境，就像重啟一段人類學田野調查的生活一樣，從飲食來認識印尼這個國家。她和孩子一起吃印尼人最愛的發酵豆餅（tempeh）、發覺印尼人偏愛油炸食物酥脆的口感、齋戒月時穆斯林會因為晚餐暴飲暴食而腸胃不適、各地都有自己配方的印尼辣椒醬等……聽著節目，聽眾也彷彿讀了一本精彩的飲食人類學民族誌。

莊祖宜接下來的計畫也越來越清楚。過去，她努力把西餐的料理技法介紹到華文世界，接下來她想做完全相反的事。目前，在英語世界介紹中菜料理方式的書仍有所局限，她希望未來能開始用英文拍攝影片，把中餐料理的技法與概念帶給西方觀眾，也要介紹更多西方人不熟悉的中式菜餚。

「我一直在做的，是將西方的料理，用國人能夠理解的詞彙轉譯過來；接下來也希望用同樣的方式，把中菜介紹給西方。我碰到過很多沒有西餐廚房工作經驗的華裔廚師，當他們想用英文解釋中菜原理時，都是以中文直接羅馬拼音表示，但是明明就有英文料理技法中可以使用的詞彙。」

因為在美國廚藝學院的職業訓練，加上在專業西餐廚房的工作經驗，莊祖宜非常熟稔西方的料理語言，自然能更準確地加以翻譯——「轉譯者」是人類學學者所能扮演的重要角色之一，莊祖宜便是中西料理文化之間最好的轉譯人。

莊祖宜恣意悠遊於廚藝世界，不曾後悔放棄人類學的學術之路，「我現在做的是我最喜歡的事情，而且我還是能用人類學的思考方式和大家談論飲食議題，只不過寫作的方式沒有那麼學術，我也仍多方涉獵飲食相關的研究。以前在學術圈認識的朋友，並不嫌棄我，現在要做菜還會來問我，說實話我還滿感動的。」

「人類學就是一套看世界的方法，你有了這個方法之後，到哪裡都可以做人類學研究。」人類學帶給她面對文化差異時的「田野」態度以及「轉譯」文化的能力，她勇敢擁抱了自己的最愛，也發揮了更大的社會影響力。人類學也因為這位「廚房裡的人類學家」，走進了大眾人家的廚房裡！

熟稔中西料理、以廚藝專長結合人類學訓練，扮演不同料理文化的轉譯者角色

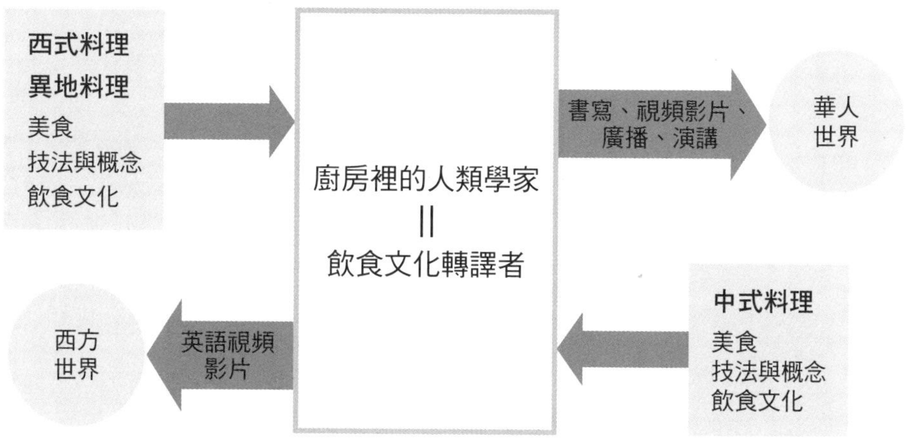

挖掘厚數據

飲食與人類學

當人類學家離開自己熟悉的環境，到異地去做田野調查時，「飲食」往往成為要最先解決的問題，所以飲食文化也成為人類學家最容易發展的研究項目之一。「飲食」一方面是攝取營養賴以生存的方式，而獲取食物的分工、烹調食物的方法、糧食生產的技術等等，也決定了一個社會的基本樣貌。觀察分析人類烹煮方式的變化，將能看到社會的型態如何從簡單的狩獵、採集發展到現今多元而複雜的形式。

人類學家挖掘多元飲食議題

人類學家研究飲食的範圍非常多元，在二十世紀中期的人類學研究中可以見到不少例子。例如，拉巴布（Roy A. Rappaport）探討部落中人口與豬隻養殖的關聯性，李維史陀分析烹調方式所代表的文化社會結構，哈里斯（Marvin Harris）研究肉食文化的變遷，道格拉斯（Mary Douglas）指出聖經《利未記》中的飲食禁忌反映出的猶太人分類觀念，敏茲（Sidney Mintz）則探討「糖」與「甜味」如何改變了世界的飲食文化樣貌，並帶來後續殖民經濟的發展。

到了當代，人類學和飲食的關係更為密切，並發展出更多元的議題，如「飲食與文化遺產」、「飲食與記憶」、「飲食全球化」、「飲食與社會運動」等領域，都能看到人類學家不斷探索飲食於各個層面的影響——食物，正如李維史陀所說「不只好吃，更好思」。

台灣是美食之島，有各種飲食傳統的匯流，更有極大的創新能力不斷深化這座島嶼的飲食文化底蘊。飲食人類學家在台灣所能做的，當然不局限在詮釋這些飲食現象背後的意義而已，也能積極扮演不同飲食文化之間的橋梁，帶著人們用味蕾體驗文化，並進一步引領人們從飲食出發，反思食安與農業生產等議題，透過飲食，打造一個更健康友善的生活。

之五

民族誌創作的人類學

帶著人類學的眼光，重新偵察這世界！

鍛鍊你的人類學之眼

神話
MYTH

廣義上，「神話」可以指任何古老傳說，藉由故事的形式來表達民族的意識形態。神話源於原始社會時期，人類通過推理和想像對自然現象作出解釋；神話具有一定的地域性和區域性，不同的文明或者民族都有自己所理解的神話含義。也可用於指稱某些自古傳下、無法被現代科學檢驗，但某些人對之信以為真的故事。

象徵
SYMBOL

任何一種抽象的觀念、情感、看不見的事物，不直接予以指明，而透過某種社會大眾所認可的意象為媒介，間接加以陳述的表達方式，名之為「象徵」。在神話、民間傳說、文學、藝術等表現上，都可看見象徵的應用。

口說神話替代文字，傳遞歷史與價值觀

在美洲原住民社會流傳的神話中，有一組被美國神話學家命名為「窩棚裡的孩子和被遺棄的孩子」，出現在各部族的口述傳統裡。邁爾．波奇的兒子也叫做邁爾，和父親一樣是個大巫師，想陪同父親一同上天。他化成岩石，將海洋與陸地分開以防有人跟蹤。後來他恢復人形，和印第安人一起生活。他造了一艘豪華火船，他的同伴等不及地把船搶走要試航，這個魯莽的傢伙把自己燒著了，跳到水裡變成了秧雞。最後，邁爾去找父親，父親在人間留下了一個叫做邁爾．阿塔的兒子。邁爾．阿塔娶了一位同鄉女子，她活潑好動，雖然有孕在身，還是想回老家看看。她肚裡的孩子和她說話，幫她指引道路；但是因為她拒絕摘下肚裡孩子想要的某些蔬菜，腹中胎兒便不再說話。女

子因此迷了路，來到負鼠的家裡。負鼠趁她睡覺時讓她懷了另一個兒子，和原本的小孩一起作伴。

人類學家克勞德．李維史陀在《猞猁的故事》（*Histoire de Lynx*）一書中指出，許多北美印第安神話和這則故事有著類似的結構。例如在庫特奈族的神話裡，猞猁讓黃鹿懷了自己的一對雙胞胎男孩，分別成為太陽與月亮。李維史陀如此解釋這些神話傳遞的作用：「在沒有文字的社會中，實證知識遠遠低於想像的可能性，就由神話來填補差距，我們所在的社會情形正相反，但達成的結果卻完全一致。」

在沒有現代科學知識又缺乏文字的前現代部落社會，口耳相傳的神話不僅成為認識世界的方式，更透過故事內容傳遞了每一個社會獨特的歷史與價值觀。不管是宇宙的誕生、社會的倫理界線、衝突與災厄，都能夠透過神話得到解釋。在這樣的故事類型中，李維史陀提出「二元論」（dualism）的結構性視野，從北美流行「雙胞胎」的神話來看，他點出這些神話的重要性：

「神話以二分的方式，展示了世界和社會不斷演變的組織型態，而在每一階段出現的兩方之間從未有真正的平等：無論如何，一方總是高於另一方。整個體系的良好運轉都取決於這種動態的不平衡。如果沒有這種不平衡，整個體系可能會隨時陷入癱瘓。這些神話隱含的結論是，自然現象和社會生活涉及的兩極：天與地、火與水、高與低、近與遠、印地安人與非印地安人、同胞與外國人等等，永遠不可能是一對雙胞胎。精神（L'esprit）竭盡全力撮合，但無法在兩者之間建立平等，因為如同神話思想的設計，正是這一連串的差異推動了整個宇宙的運轉。」作為讀者，這些神話故事也成為我們認識這些民族與其文化價值觀的切入口。

思．考．練．習．題

❶在我們所熟悉的台灣漢人或是原住民神話中，能否辨認出「二元論」的結構，並從中看出獨特的歷史命題？

❷我們今天已普遍受到實證科學的深刻影響，還有哪些「神話」仍然影響著身處於現代社會的我們？

參考書目：

Claude Lévi-Strauss, Catherine Tihanyi trans., *The Story of Lynx*. Chicago: University of Chicago Press, 1995.

第十五章

Akru：揮灑神話和想像，穿越時空與邊界

漫畫與插畫創作者Akru，以蘊含人文關懷的奇幻寫實風格著稱。她以神話、人類學元素賦予創作新的生命，建構一個個充滿想像力的世界，以細膩畫風描繪了豐富的物質文明細節，帶領讀者穿越時空。

「我其實不敢自稱是人類學系畢業的。」Akru受訪時這樣說。漫畫家Akru，本名沈穎杰，她表示不好意思提到自己是台大人類學系畢業，更不太願意自稱為漫畫家，只說自己是「漫畫雜工」或是漫畫創作者。話雖如此，她筆下受到人類學滋養的漫畫作品，好成績早已是有目共睹。

這一代台灣年輕人多數看日本漫畫長大，台灣本土漫畫市場的原創漫畫一向不易經營，然而Akru的原創漫畫《柯普雷的翅膀》、《北城百畫帖》與《北城百畫帖II》卻逆勢突起，合計起來已賣出數萬冊。她曾多次代表台灣到國際參展，以漫畫介紹台灣文化，並獲得日本外務省第六屆「日本國際漫畫賞」（国際漫画賞 International MANGA Award）的「入賞」（佳作）肯定，二〇一五年並以《古本屋槐軒事件帖》登上日本集英社線上電子漫畫雜誌平台《週刊少年Jump+》。

很多喜歡Akru的讀者說，她畫出了一個真實卻又奇幻的台灣，是過去本土漫畫裡不曾出現過的，加上畫風洗

鍊，描繪出一個個充滿想像力的紙上幻想時空。而熟悉人類學的朋友則發覺到，人類學是Akru的重要創作元素，許多現代台灣人陌生的日治時期人類學家，如森丑之助、伊能嘉矩等人，都在Akru的筆下重新回到年輕讀者眼前。藉由Akru的畫筆，人類學的元素有了新的生命，年輕人也有了認識台灣歷史與文化的新管道。

對人類學的期待出現落差

Akru從小喜歡畫畫，高中時加入動漫社團，但大學並沒有往藝術的方向發展，而是選擇了人類學。

「我很早就開始畫畫，小學老師說這小孩上課都沒在聽，都在畫畫。家裡有兩個小孩，姊姊一直喜歡畫畫而且方向很明確，我沒有她那麼明確，學校成績相對比較好，所以覺得我可以往別的地方發展。升大學的時候家裡反對我畫畫，我就選擇相對比較有興趣的領域，也就是人類學。」Akru解釋。

除了畫畫，Akru從小就愛閱讀世界各國的奇風異俗，所以選擇了台大人類學系，希望能多學習到一些與世界各民族相關的知識。但是，人類學系偏重理論的訓

百工裡的人類學家

Akru（沈穎杰）：「細節都是世界觀的一部分，為了讓這個世界觀有說服力，我會去注意這些細節。」

- 漫畫與插畫自由創作者
- 將人類學訓練帶入擅長的奇幻寫實題材中，細膩勾勒出虛實交織的人文世界
- 台灣大學人類學系學士
- 著有《柯普雷的翅膀》、《北城百畫帖》、《北城百畫帖II》、《十色千景》等
- 網誌「泰坦手札」http://akru.blog13.fc2.com/

練與反思，跟Akru原本的期待有些落差，文化人類學的知識與理論對於大學時期的Akru來講太過枯燥，拿捏不到重點。那時，她最有興趣的是考古學、體質人類學之類的課，去鹿谷的考古挖掘實習更是她大學階段的重要體驗；她也花很多心力與時間在系外修課，特別是生物學之類的課程讓她特別感興趣。

從同人誌走上職業漫畫創作

畢業之後，Akru進入一間遊戲公司，擔任繪製遊戲背景的工作。她利用這段時間充分鍛鍊畫技，造型能力、電腦繪圖能力都是在這個階段養成，並且開始創作自己的作品。

隨著繪圖技巧慢慢成熟，Akru開始參加台北的動漫祭，並在活動裡販賣她自己繪製的同人誌。同人誌可以算是業餘的漫畫出版，素人漫畫家獨立發行自己的創作，不管是長篇故事還是短篇，都可以算是同人誌。Akru的同人誌主題都是她所喜歡的奇幻題材，並且隨著畫技的累積與提升，慢慢地在同人誌圈打出名號。「Akru的作品很難買，動漫祭上她的攤子都擠不進去。」一位粉絲抱怨，Akru的同人誌都得花上九牛二虎之力才能搶到手。

二〇〇八年，Akru以《柯普雷的翅膀》投稿當時新聞局舉辦的「劇情漫畫獎」，獲得了首獎與最佳劇情獎，使得她的作品跳出業餘領域，受到更多人注意。有了獎金支持一整年的生計，她從遊戲公司離職，正式成為專業的漫畫創作者。

這部作品以荷蘭時期博物學家來到台灣尋找傳說中的「柯普雷的翅膀」為主軸，不僅畫技成熟，更帶領讀者跟著故事的發展進入十九世紀的台灣。漫畫之後正式出版，讓Akru開始走上商業創作之路，擁抱更多的漫畫讀者，她也接受出版社的邀約，為多部小說繪製封面。

1

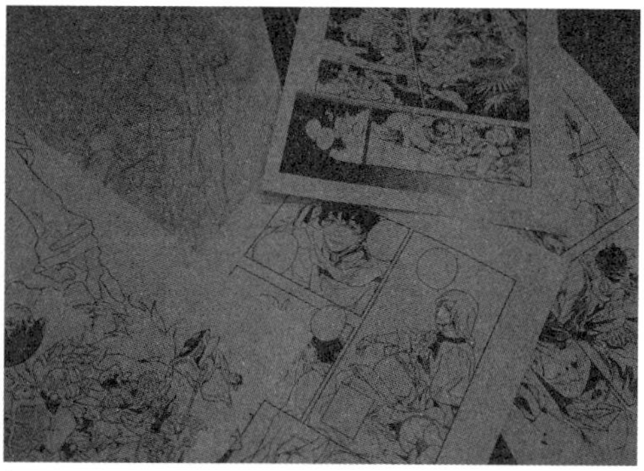
2

3

4

1　Akru的漫畫題材融合歷史與想像。

2、3、4　Akru繪圖手稿，從精鍊的人體線條到繁複的構圖，展現豐沛創作力。（圖片提供／Akru）

寫實奇幻風格融合歷史與想像

二〇一一年，Akru應中央研究院數位典藏應用計畫之邀，以計畫資料庫所擁有的一九三五年「台灣博覽會」相關史料檔案為素材，發展出了〈飛翔少年〉這部作品，並且成為應用該資料庫的人文漫畫期刊《Creative Comic Collection 創作集》（簡稱《CCC創作集》，二〇一六年起停刊）之固定創作班底，持續以日治期間大正時期的台北城為創作題材，發展出叫好又叫座的《北城百畫帖》系列。

在《北城百畫帖》系列故事裡，主人翁開了一間名為「百畫堂」的咖啡屋，店裡匯集了各方人士，而主人翁用自己的特殊能力幫這些來到咖啡屋的人解決各種問題。Akru的「寫實奇幻」風格此時已發展成熟，她依據資料精心繪製當時台北城庶民生活的各種空間與物件細節，烘托出故事主人翁的靈異能力，劇情風格遊走於真實與虛幻之間。《北城百畫帖》在連載期間就讓讀者驚艷，《北城百畫帖II》單行本更是在推出後兩週內就銷售超過萬冊。

除了繪製給青年讀者市場的漫畫，Akru也和天下雜誌社的《未來少年》月刊合作，發展出中國的神話系列，例如她小時候在漢聲出版社的《中國童話故事》系列中讀到的「河神娶親」故事，也成了她創作的故事題材，發展為作品〈水底月〉。

Akru登上日本《週刊少年Jump+》的短篇奇幻作品〈古本屋槐軒事件帖〉（中文版〈槐軒舊物記事〉），則是從光華商場新舊交錯的混搭魅力得到靈感，「這部作品的地點是光華商場。這裡同時有最新也有最舊的，有很老的東西也有最新的3C，曾繁榮一時的舊書業則已經沒落了。我希望用這樣的題材來突顯新舊融合這個特色，因為這是其他地方沒有的特色。」

故事裡的兩位男主角像是神話中常見的二元對立元素一樣，一位是具有靈異體質的3C店員，另一位則是舊書店店長，透過靈力探索舊書背後的故事。這部作品依舊保持Akru擅長的奇幻主調，而且因為自己的工作室就在光華商場附近，她常像人類學家一樣去現場做田野觀察、就近取材，讓自己的作品在細節上更具說服力。

刻畫物質文明細節，增強說服力

雖然Akru謙虛地說自己在人類學系期間學藝不精，她的作品中卻呈現了非常豐富的人類學元素。她的編輯洪葦聿以《北城百畫帖》系列作品為例說明：

「Akru用心經營作品，以她自己的個性去經營出一個『大正浪漫』該有的氛圍，作品默默地流露出她的人類學視野，只是一開始她自己沒有意識到而已。我覺得這才是一個創作者真正厲害的地方，她不是刻意經營出一個很厲害的角色或很精彩的故事，但是她創造的畫面、散發的氛圍都是很具象的，讓讀者可以看到那個時代與人們的個性與穿著等氛圍與細節。這是之前台灣作家沒有呈現出來的東西。」

《北城百畫帖》氛圍：台灣的「大正浪漫」

「大正浪漫」意指日本大正天皇在任期間（一九一二－一九二六），整體社會受到西方社會現代化而引發的思潮和文化現象。「浪漫」一稱是由夏目漱石所起。受到十九世紀以歐洲為中心所發展而來的浪漫主義影響，大正時代個人解放與新時代的理念等思潮得以盛行，並且表現在文學、繪畫、服飾與建築各面向。

台灣博覽會的舉辦時間是一九三五年，已經離大正時期有十年之久，但是Akru認為，這段時間台灣社會的發展與大正時期的日本相近，故在《北城百畫帖》的附錄中稱其作品的氛圍為「台灣的『大正浪漫』」。《北城百畫帖》中的故事，也將時間點往前推至大正時期，以這段時間的台北城作為故事發生的背景。

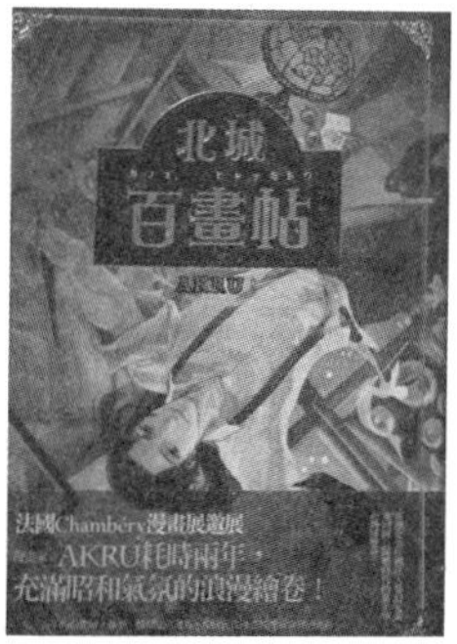

Akru則解釋，上一個世代的台灣漫畫家多半是美術科班出身，畫工極佳，但是創作的題材沒有那麼廣泛。她這個世代的漫畫家多半來自不同背景，因為興趣才開始自學如何畫漫畫，所以雖然畫工可能和前輩們有些落差，但在創作題材上卻非常多元。

Akru的作品幾乎都以十九與二十世紀前半段的台灣為背景，她在《北城百畫帖》的附錄說明：要在作品中把氛圍經營好，就像是在拼湊從考古遺址挖掘出來的陶片一樣，必須非常重視細節，才能拼出一個具體的輪廓。而要將細節經營好，故事中的物件、服飾等小地方都需要仔細考據，並且安置在正確的歷史脈絡裡。

Akru謙虛地認為，人類學對於她的故事發想雖然沒有直接幫助，但在資料整理與故事背景的建構上，卻帶來了極大的助益。「我覺得人類學系的教育對我（的創作）沒有很明顯直接的幫助，但是有一些比較潛在的影響。比方說我比較在意資料是否為第一手資料，以及它的真實性。雖然最後畫出來的作品不一定完全寫實，甚至有很多刻意虛構的部分，但在收集資料的時候我一定會盡可能地貼近原本材料。」

從作品中可以看出Akru處理資料的功力。許多歷史資料中的物質文明細節，如交通工具、建築、街道、物件等，Akru都能精準掌握，並透過獨特的畫風，營造出一個吸引人又有說服力的世界觀。

「細節是世界觀的一部分，為了讓這個世界觀有說服力，我會特別注意這些細節。就算是我畫的是虛構故事，還是會查證資料，不管是用虛構或寫實的手法，我會去填入那些細節。作品中有特定的時空與地點時，考據上要更嚴謹，比較不能捏造。我希望故事看起來有說服力，我的目標是要有說服力。」

對Akru而言，這些人類學家的研究或是歷史素材都只是背景元素，真正重要的還是要能夠創造出吸引人的故事，因為沒有好的故事，這些資料將只是冰冷的素材，無法帶領讀者進到她筆下所建構的世界。「如果是我有感覺的素材，我就會往下繼續搜集，然後一邊搜集、一邊發想故事。有些材料會讓我想像出很多畫面，我會特別意識到把它們留下來。在找素材時會盡量多找一些，再把它們組合起來。」

人類學家原型角色呼應浪漫年代

來自人類學領域的台灣文化研究成為Akru創作裡的重要元素，此外，她筆下有許多角色是以人類學家為原型，例如《柯普雷的翅膀》中的博物學家，《北城百畫帖》與《北城百畫帖II》也出現以日治時期人類學家森丑之助、伊能嘉矩為原型的角色。

她最初接觸到這些原型角色是在人類學系的課堂上。「日治時期的人類學家真的很偉大，我大學時像是聽故事一樣聽老師講過他們的事蹟。在以漫畫創作這些角色時，自己會去貼近，認真去揣摩、了解他們想要做的事情。不過漫畫只是取一些皮毛而已。這兩位人類學家的個性不一樣，有機會我也想創作日治時期來台的考古學與民族學家國分直一的故事。之所以選擇這些題目與人物，和我唸過人類學有關，而他們剛好又屬於那個年代浪漫的一部分。」

人類學的訓練有助於Akru整理資料與建構故事背景元素，使筆下的奇想世界更具說服力。

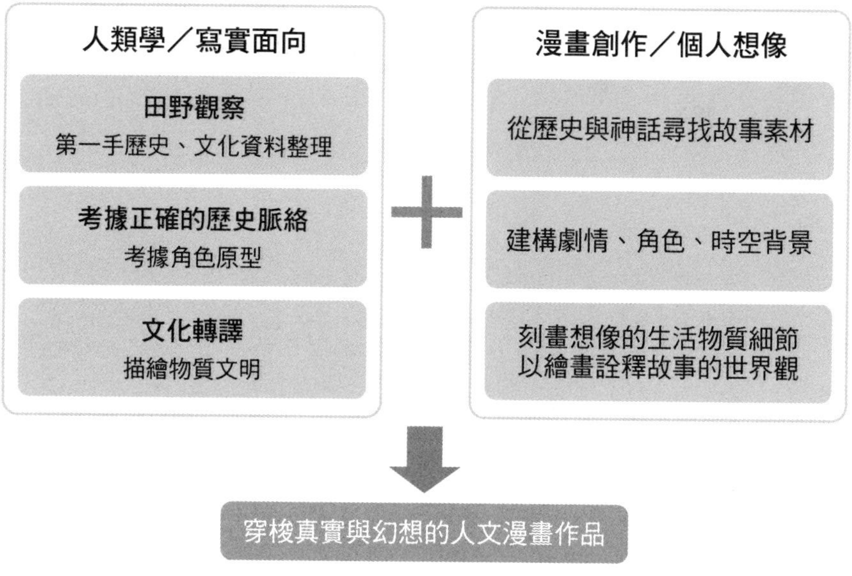

Akru的創作帶有濃濃的浪漫主義情懷，像是追尋夢想的冒險、個人理想的追求、遺憾的滿足、從社會拘束中解放，都是她筆下故事背後隱藏的主題。而將以人類學家為原型的角色設計到自己的作品中，正是因為Akru看到人類學的浪漫本質，很符合她所想要說的故事的氛圍。

「我覺得人類學的浪漫其實也是那個年代的浪漫，它興起的時代就是十九世紀。《柯普雷的翅膀》的選材也是因為那個年代，博物學家到處旅行，當時台灣各種文化元素錯綜複雜，我覺得很有意思。就算今天有人告訴你還是很難想像那個畫面，我憑想像把它畫出來，大家也覺得蠻有趣的。」

從民族神話擷取靈感材料

不光是人類學家本身的故事，人類學家所寫的民族誌記錄了很多民族的神話，這些材料正是創作者最寶貴的靈感來源。在Akru看來，這些元素只要經過好的包裝與設計，就能變得有趣且容易親近，讀者也會更加願意接觸這些他們原本不熟悉的文化材料。

人類學本來就是十足浪漫的學門，告別熟悉的環境，為了去認識另一群陌生人或是挖掘某一段深埋的歷史而踏上漫長旅程；在今日這樣強調速食的社會裡，尤其突顯出人類學的浪漫。然而人類學卻往往給人枯燥、深澀難懂的先入印象，一般人大多不得其門而入。在藝文領域創作的「百工裡的人類學家」所做的，正如Akru的漫畫，不是將乾澀的材料原封不動地搬入作品，而是從人類學的素材找到靈感，像人類學家一樣扮演「跨文化轉譯者」的角色，將這些文化調查的內容轉換成為吸引人的作品，也帶領大家重新去認識、思考文化。

挖掘厚數據

大眾流行文化與人類學

伴隨著大眾媒體的普及，大眾文化或流行文化如電影、電視劇、漫畫、電玩等，早已是我們日常生活的一部分，自然也成為人類學家關心的對象，許多以此為研究主題的文化研究學者、社會學者，都強調要以民族誌式的研究方法來研究、理解這些相伴的文化現象。

相較於其他學門的學者會比較注意大眾文化或流行文化的展演內容，人類學者在研究時更強調的，是這些文化現象背後的「社會性」，或是從具體的社會生活之中來談論這些文化現象背後的意義。

●人類學家關切流行文化背後的社會性意義

以台灣熟悉的日本動漫為例，在《粉紅色的全球化：凱蒂貓跨越太平洋的軌跡》（*Pink Globalization: Hello Kitty's Trek Across the Pacific*）中，人類學家矢野（Christine R. Yano）將凱蒂貓的流行稱為一種「粉紅色的全球化」，意指一種日本「卡哇伊」文化的圖像或產品從日本蔓延到全世界的現象。這個文化現象連結了日本公司的海外市場擴張、日本商品配送體系的升級，以及日本動漫中所暗示的日本國家「酷」形象。

人類學家蓋布瑞思（Patrick Galbraith）則在《御宅族空間》（*Otaku Space*）一書中關注日本御宅族的處境，他指出，在日本人眼中，御宅族是主動自願地從現實脫離的一群人，雖然有被污名化的現象，但日本御宅族逐漸坦率地接受自己的身分，願意公開自己的偏好。

●人類學知識與想像力能為創作增色

人類學的研究常與大眾文化結合，甚至人類學者也常成為大眾文化作品裡的角色。在好萊塢製作的電影中，就常聘用人類學家或考古學家擔任美術與劇情顧問。最近一個有趣的例子是電影《超人：鋼鐵英雄》，聘請了語言人類學家施芮兒（Christine Schreyer）來替超人的故鄉「氪星」設計出一套語言符號體系。足見人類學家的知識與想像力，也可以成為讓故事作品更為精彩的元素。

鍛鍊你的人類學之眼

反身性
REFLEXIVITY

人類學家對於自己、田野地及田野調查對象之間關係、對人類學知識生產過程的反思。

換位思考
EMPATHIZE

人類學家將研究對象的互動過程鉅細靡遺地記錄下來，也要求自己能掌握對方的語言與社會位置，進而能理解概念與行動之間的關係，要能從地方的脈絡，解讀資料的意義。

從切身的體驗與情感，反思意義網絡

雷納多．羅薩多（Renato Rosaldo）與妻子米雪兒，從一九六七年到一九七四年間，前前後後在菲律賓東北方一四四公里的地方進行了三十個月的民族誌田野調查，他們想要理解伊隆革人的獵頭文化。在一九六〇與七〇年代，伊隆革人（Ilongot）人口約有三千五百人，他們獵鹿、豬，種植旱作，像是稻米、甘藷、木薯與蔬菜。他們像台灣的原住民一樣，早期有出草獵首的風俗，直到費迪南．馬可仕（Ferdinand Marcos）在一九七二年宣布實施戒嚴，獵首風俗才遭廢止，伊隆革人也逐漸從原本的地方信仰轉向基督教福音派。

羅薩多的紀錄裡，伊隆革人的獵頭文化往往發生在失去至親的時候。早期，當他問伊隆革人為何要去獵首，伊隆革人試著向他解釋喪親之痛的憤怒驅使人去割下別人的頭，只有當頭被割下且丟掉，他們內心的憤怒才得以跟著宣洩。對羅薩多來說，初聽到這樣的解釋實在太過簡單、模糊，沒有說服力。羅薩多回憶，當時他太過年輕，只想要尋求更深層的解釋，卻無法理解哀痛（grief）、悲傷（sadness）與憤怒（fury）之間的差異。一九八一年的十月十一日，當妻子米雪兒和兩位伊富高（Ifugao）同伴出遊時，不慎失足跌落六十五呎深的懸崖，墜入暴漲的溪水，就此命喪菲律賓。聽聞噩耗的羅薩多悲從中來，而且跟著憤怒起來，心裡想著：「她怎麼可以遺棄我？」、「她怎麼可以笨到掉下去？」自此，他才真的理解到原來在喪親之痛當中，人真的會感受到「憤怒」。

在切身體驗到這樣的痛憤之前，羅薩多從來沒有辦法真的理解伊隆革人的獵首行為。但在經歷妻子的死亡之後，他得以重新檢驗與反思過去對於伊隆革人的研究，更可以體會與了解伊隆革人處理情緒的方式，特別是喪親之痛的憤怒，以及其與獵首文化之間的關係。「我感覺像是活在惡夢之中，整個世界不斷擴張又收縮，外在世界與內在世界都在波濤起伏。」雷納多．羅薩多描述他當時的情緒。

這也讓他反思到，人類學家對於「死亡」的研究往往過度儀式化，想要從喪禮儀式的象徵當中去解釋當地文化的意義網絡。面對這些儀式，人類學家常忽略真實的情感面向，把它們當作必經的過程軌跡，卻忽略了報導人在面對親人死亡時的情感反應。在他看來，蜜雪兒的死，不僅讓他意識到人類學研究忽略了人類學者本身的情感面，更應該要注意情感所帶來的文化性驅力（force）有多強大。

羅薩多進一步反思，人類學家自身的性別、年紀、生命歷程，及其在所研究社會中的位置，都影響了其在田野中之所學，也進一步影響到其對於田野資料的解讀詮釋。從這個角度來看，人類學家永遠無法像是科學家一樣，能夠掌握到絕對客觀的事實。這也提醒我們在使用民族誌方法時應時時反思，不要忽略了自身的條件與狀態，因為這將會影響自己與報導人之間的互動，也將影響資料分析的結果。

✔思．考．練．習．題

❶從反身性的角度來看，人類學的研究有絕對的客觀嗎？還是其實所有的研究成果都取決於人類學家和報導人之間的關係？

❸你對於某一個國家文化的理解，是否會因為當地的朋友，而有不同的偏見與態度呢？

參考書目：

Ronato Rosaldo, "Grief and a Headhunter's Rage", in Nancy Scheper-Hughes and Philippe I. Bourgois eds., *Violence in War and Peace*. Malden, MA: Blackwell Pub, 2004, pp.167-178.

第十六章

阿潑：跨界書寫，以筆為劍

資深記者阿潑自稱「菜鳥人類學家」，世界是她無邊界的田野，書寫是她的社會實踐。人類學的脈絡思考與反身性，以及新聞訓練的精準與批判，在她筆下不斷尋找融合與平衡，要將人的故事和境況傳遞給大眾讀者，帶來改變的力量。

有位喜歡自助旅行的朋友曾說：「因為阿潑，讓我用不同的方法去東南亞旅行。」隨著《憂鬱的邊界：一個菜鳥人類學家的行與思》在二〇一三年出版，這位「菜鳥人類學家」作者開始受到注意，很多讀者喜歡她充滿反思性的文字，特別是她在書中帶領讀者重新去認識台灣周遭的國家，也認識台灣自己。

除了透過她的書，阿潑大部分的文字作品來自於她擔任記者所做的新聞報導。她先後在《遠見》雜誌、《旺報》與《中國時報》擔任記者，跑過財經、兩岸、文化線新聞，擔任過調查記者。阿潑也曾在路竹會、醫改會工作，執行社區總體營造的任務。她更勤於網路、部落格筆耕，從最早的明日報新聞台、無名小站、痞客邦「哈囉～馬凌諾斯基」，到現在的臉書專頁「島嶼無風帶」，都可以看到她的社會觀察文章。

粗略來看，「記者」與「人類學家」似乎有很多共通點。兩者都需要跟人互動做訪問，也都需要透過文字來介紹他們的調查結果。那麼兩者之間到底有什麼不同？受過人類學訓練之後去當記者又會有什麼不一樣？透過阿潑，或許能找到答案。

新聞之路，用文字做社會實踐

「一個好的記者就是一個好的人類學家。」阿潑一直記得大學新聞英文課的徐美苓老師這句話，只是這時她還未對人類學產生興趣，一心只想往新聞的路上走。在政大新聞系這段期間，她選修了不少法律系與社會科學院的課程，例如兩岸關係、中國共產黨史等，努力充實自己的能力。

阿潑到民族學系修課，是她和人類學的第一次邂逅。當時剛好是台灣新聞現象比較混亂的時候，老師知道有新聞系學生來修課，也針對台灣媒體亂象提出批評，讓台下的阿潑成為箭靶，和人類學的第一次接觸一點也談不上愉快。

本名黃奕瀠的阿潑，大學時很愛在網路上爭論，根據她在自己臉書專頁的解釋，外號的由來跟她的個性有關：「為什麼PO（潑）取代我的名字成為大家記得的符碼呢？因為我簡直像潑辣的潑猴，很愛在網路上（BBS社群）講話和吵架，畢業

百工裡的人類學家

阿潑（黃奕瀠）：「一個人永遠都不可能看見全貌，永遠有你不知道、沒想到、沒問到的東西，而那東西一直在干擾你，於是你就得不停不停地，回到田野，重新閱讀、重新提問、重新思考、重新建立脈絡。」

- 自由撰稿人、作家
- 關心人權、社會與文化議題，以人類學家的脈絡思考，結合新聞記者的犀利批判，用文字做社會實踐
- 曾任《遠見》雜誌、《旺報》、《中國時報》等媒體記者，任職過多個非政府組織，數度赴偏遠地區與發展中國家當志工
- 政治大學新聞系學士、慈濟大學人類學研究所碩士
- 著有《憂鬱的邊界：一段跨越身分與國族的人類學旅程》、《介入的旁觀者》與《日常的中斷》，合著有《看不見的北京》、《咆哮誌》等。
- 島嶼無風帶臉書粉專：https://www.facebook.com/anthropojournal

很多年了還有學弟妹說他們認識我。」與其說阿潑愛吵架，倒不如說她對於這個世界懷抱很強大的熱情與正義感，總是希望找出一個道理，透過文字來改變她看不慣的事——新聞，就是她的實踐之道。

阿潑大學畢業後進入雜誌社當記者。原本以為這是自己社會實踐的起點，沒想到公司修正發展方向，從人文社會取向轉至經濟商業面向，此時發生的九二一大地震，也讓她反思記者工作對自己的意義。當時她被分派在台北訪問一位擅長投資理財的台大學生，沒有辦法前往震災現場，「我買了一份晚報，頭條說有兩千多人死亡。在台北採訪時我心不在焉，一直問自己為什麼這時候是坐在這裡？我想到第一線去做幫助他們的工作，跟他們在一起。我認真想想，這才是我想當記者的初衷。那時，我第一次否定了自己的工作。」

帶著對記者工作的質疑，阿潑轉職網路書店。這時期的她對「科學」與「人」非常著迷，也對人類學越來越感興趣，於是主動向讀者介紹了很多有關「生物人類學」與「體質人類學」的好書，並開始準備申請人類學研究所。這時候發生了九一一事件，美國雙子星塔遭恐怖分子攻擊，也刺激她進一步去思考「文化人類學」或是「社會人類學」是否真的對這個世界有用？

轉攻人類學，追尋職涯自我價值

阿潑進了慈濟大學人類學研究所，最有興趣的是「生物人類學」，但跟著老師們一起做基因排序等相關實驗之後，她發現自己其實不適合實驗室的環境，而是希望多和人接觸，於是便往「醫療人類學」發展。

新聞書寫講究精準與批判，人類學書寫則強調脈絡與反思，面對這樣的專業衝突，讓她剛進研究所的那段時間很受挫，只能慢慢調整適應，「我第一次參加討論課時非常挫折，老師看完我的報告之後寫下評語：『妳以為妳在寫社論嗎？』我後來哭著回去找新聞系的老師說，我好像很不會寫報告，很不會寫作業。」儘管如此，阿潑還是順利完成她的論文《凝視母體——生育科技時代台灣難孕婦女的經驗言說》，取得碩士學位。她在論文中關注求孕婦

1

3

3

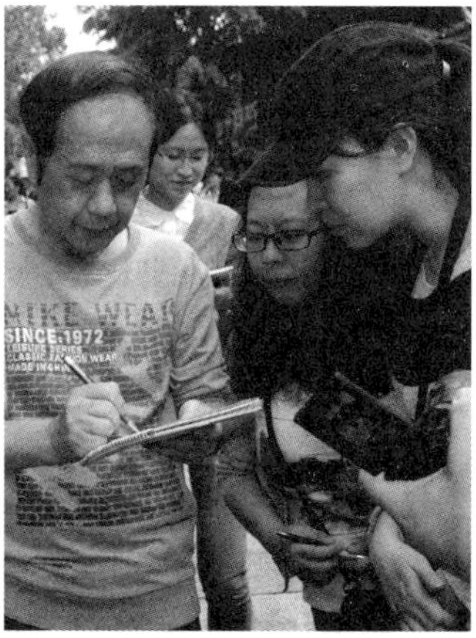

4

5

1-5 無論是在新聞現場，或是異國旅行或志工服務，阿潑都體現了「一個好的記者就是一個好的人類學家」的精神。

女在當代所面臨的環境，以及我們對「懷孕」的認知又是如何被醫學、文化與國家所建構。研究所期間除了學習人類學，旅行也是她生活的重心。她在東南亞各國旅行，體驗國家與國家之間的「邊界」，並積極參與NGO（非政府組織）的志工活動，到台灣與世界各地做志工服務。在這些服務的歷程中，帶給她最大文化震驚的，是跟著台北醫學院志工醫療團到中非國家馬拉威服務。

「非洲是一個眼前一切都需要解釋的地方！」阿潑如此詮釋。非洲帶給她的文化震驚，從出發前施打各種疾病疫苗開始，預告著要前往的是一個截然不同的國度；到了非洲，除了需適應當地自然環境和溫度，過度儲存的醫療備品、不知如何配合的醫療志工、快餓死也要分享手中香蕉的老奶奶等一切現象，都是令她無法理解的文化震驚。

「我沒有在那邊做田野，因此沒有辦法做定義。不知道是當地人平均壽命太短，或是愛滋病跟瘧疾的緣故，所以人們沒有辦法為明天去做任何準備，以至於就是這樣子了。那時候覺得非常悲哀，我到了一個每一件事情都是問號的地方，直到現在都還充滿問號。」她說。研究所畢業後，阿潑先後在鯨豚協會、台灣路竹會、智邦生活館與台灣醫療改革基金會工作，也曾參與協助推動台灣的醫療改革，並和人權組織合作，在北京奧運前夕推出《看不見的北京：不同世界．不同夢想》一書，呼籲大家在奧運期間也不要忘記中國的人權議題。

在這些工作轉化之間，她不斷檢驗自己的位置，「我離開NGO的工作，因為我發現在NGO做事的前提是，他們必須非常相信自己的價值與自己做的事，不能有所質疑，簡直上升到信仰了；可是，在所堅持的與反對的之間有非常寬的光譜，某些作法在效益上或方法上也不是那麼妥當。我認為自己沒有辦法這麼絕對，無法相信絕對的事情，所以才又回媒體。」阿潑思索，在什麼樣的位置上最能發揮自己的價值，為社會帶來一點貢獻與改變？

記者的新聞線，就是他的田野地

帶著介入社會、帶來改變的理想，阿潑再次選擇回到記者的崗位，先後待過中時集團的《旺報》與《中國時報》。在她看來，記者的工作很像人類學家，都是在記錄與報導現時發生的事情，傳達給大眾。就像每個人類學家都有自己的田野，記者也都有自己跑的固定路線與新聞場域，長期經營個人的新聞專業與人脈，其實跟人類學家沒有兩樣。

「例如我們想像一個做立法院生態研究的人類學者，他會整天關注立法院發生的動態、文化，或是立委派系與政治互動，他甚至可以畫出一個關係圖。記者也一樣，他不需要把這些都寫出來，但這些都是他的背景知識。而跑社會線的記者成天跑警局，在警局裡泡茶聊天、跟著跑事件現場，隨手拈來都是故事與觀察。」她補充。

「地方記者更是如此，他們是以固定區域來劃定路線，所以一個好的地方記者在他負責的範圍裡，所有大小事都熟透。例如以前報社一個跑竹北的地方記者，除了熟悉客家文化、祭儀與派系，連竹北地區的生態物種都很清楚，簡直就是竹北的人體知識庫；另一位南投的地方記者，他清楚該地的原住民族群分布、祭典和文化，甚至可以細數九二一地震乃至於歷次風災的影響。」在她眼中，每一個地方都有獨特生態，記者對其所屬路線的掌握度，完全不輸人類學者，甚至更深。

在阿潑來看，新聞工作的經營，一點也不比人類學家跑田野簡單。如果沒有被報導人信任、在地方上沒有一定的累積，新聞根本寫不出來。她個人因《旺報》的工作深入中國，從一開始的不熟悉，到累積出對當代中國真實樣貌的犀利觀察與報導，就是記者經營個人新聞線（田野地）的實例證明。

進入中國，宏觀反思

報導中國的新聞，一開始對阿潑並不容易。在台灣土生土長，雖然高中歷史與地理都有對中國的描述，大學時期也修了很多關於中國的課程，但直到加入了《旺報》，阿潑才真的「進入中國」。

這一段在中國跑新聞的日子，阿潑覺得像是「一個人類學家進入一個異文化的過程」。她每天處理當代中國的文化新聞，還要負責策劃週末出刊的《文化週報》的十六個版面。《文化週報》給了阿潑很大的空間，她也盡情發揮，從各個面向報導當代中國的真實文化樣貌，包括電影、現代文學、現代詩、網路、公民運動、建築、農民工、文創產業、青年就業等面向，多元的選題讓週報充分展現出當代中國的多樣性。阿潑除了自己跑採訪編輯，也積極向中國的媒體人與專家邀稿，以呈現中國真實現狀的多元觀點，讓整份週報不只具有廣度，更有一定的深度。她也因而認識更多對岸關心公民議題的人與調查記者，打開眼界和觀點。

這份經歷，讓阿潑更宏觀地思考自己的國族認同以及面對世界的觀點，她意識到，自己與大部分台灣人對中國的認識往往偏頗狹隘。與中國的NGO人士或是維權人士互動也讓她發現到，雖然彼此在國族認同上有不同的想法，但對於正義或是社會的關懷其實是跨越國界的。也因為她報導的是文化新聞，當大家對中國的認識都流於政治與經濟現象時，她反而有機會更接近中國在現象背後的文化與精神世界。

調查記者寫專題，像人類學家一樣思考

離開《旺報》之後，阿潑轉至《中國時報》擔任調查記者，這份工作與人類學的方法更接近了。在她看來，一般日報的媒體功能在於傳達消息，告訴讀者正在發生的事、人事時地物與為何發生。基於篇幅限制，大部分記者很難幫讀者多問或是多寫一些，相較之下，專題報導就非常地「奢侈」：

「調查記者做專題，代表你有足夠的版面、空間跟時間，往下探索。例如當其他記者報導某條溪污染，對於怎麼污染的、誰污染它，我們可以追問很多問題，可能是政策的、環境的，或居民長期抗爭的歷程。每次採訪都會有個立場與框架在，畢竟，即使給你多一點版面，還是有限制的，所以你只能採取有限的角度；可是越採訪問題會越多，那些問題此刻無法解決或書寫，可以下次再做。所以，幾乎每個記者口袋都養了很多題目，或者存有很多觀察資料，有需要的時候可以立刻掏出來。這份工作其實很奢侈，有人付錢給你大量閱讀，大量滿足你的好奇心，大量

和別人聊天。」

呈現故事背後的脈絡

阿潑分享，有一句新聞系代代相傳的名言，就是「心中有讀者」：「記者寫作時一定把讀者放在第一位，讀者不是專家也不是學者，他可能不懂經濟，不懂科學，不懂醫藥，記者的工作就是翻譯給他看，讓他明白他為何得知道這件事。」

而人類學的訓練，讓阿潑在報導時除了寫下採訪內容，更嘗試在篇幅限制之內盡量呈現出一個故事背後的脈絡，「學過人類學，比起思考社會階級結構這類問題時更加注重脈絡；如果沒有建立脈絡，似乎無法從零碎的資訊得到很好的理解或解釋。」她說。

專題報導挖掘厚數據，帶讀者看事情全貌

阿潑做過的專題報導題材非常多元，有的是配合時事，有的則探討重要的社會議題。

在「消失與重生」系列專題，阿潑記錄了在台灣這片土地上，咖啡、小麥、老戲院、台灣黑熊與客家聚落曾經如何步下歷史舞台，又如何在眾人的努力下重新走回人們的生活。與正聲廣播電台合作的「新故鄉動員令」專題，阿潑善用曾經投入NGO與社區總體營造的經歷，親赴許多風華一時卻因外在因素陷入凋敝的區域，記錄在地工作者如何透過創意或創新的方式，發展出新的可能性，例如台南老屋翻新、彰化台銀宿舍與扇形車站等。

她也走訪各個台灣原住民部落社群，例如台東的阿美族、霧台鄉魯凱族、苗栗的泰雅族等，記錄這些當代原鄉如何面對外在經濟的挑戰，並且建立起對自己族群與土地的新認同。

到第一線現場是阿潑以記者身分做社會實踐的初心，此為二〇〇七年四月十五日凱達格蘭大道上保留樂生院抗爭行動。

這個重視脈絡的態度，讓阿潑對於自己新聞文章的價值判斷更為謹慎。她曾經在高雄氣爆發生之後進行石化工業的報導，那時事件剛發生沒多久，石化業人人喊打。阿潑在某石化廠區採訪時聽到很多故事，包含那個地區過去的文化產業歷史、當時如何富庶美好，但蓋了石化廠後地景地貌改變了，地方人士利益紛爭不斷，甚至黑道介入打人等等。透過簡單的訪問，她可以具體地把當地人的哀傷、憤怒跟國家產業、地方派系等背後脈絡建立起來。甚至，在離開時，阿潑鼻子塞住了，用衛生紙擦還有血絲。阿潑心想應該不是心理問題，堅信是環境污染所致。然而，當她要下筆時有了猶豫：

「我看了好多份環評報告，裡面提到養殖漁業贊成石化廠，原因是石化廠會讓水溫升高，有利於養殖漁業，而漁業是該地的經濟命脈。我發現這個問題，但還未訪問到漁民。長官也提醒我還未訪問中油，因為中油宣稱新的石化廠已改善環保設備；而在環保團體提供的資料跟數據中，都證明這些補救措施其實無效，很多也作假。可是我可以拿著這樣的態度來寫報導嗎？」

不斷思索並檢驗自己的書寫，阿潑希望自己的報導盡量不是只做簡單的價值判斷，還能帶著讀者看到事情的全貌。而在人類學的訓練後，讓她更加清楚新聞工作的限制，「一個人永遠都不會看見全貌，永遠有你不知道、沒想到、沒問到的東西，而那東西一直在干擾你，於是你就得不停不停地，回到田野，重新閱讀、重新提問、重新思考、重新建立脈絡。」

介入的旁觀者：透過反思，帶來改變

對於脈絡與書寫的堅持，讓阿潑無法再滿足於記者的工作。在中時集團待了六年之後，她於二〇一五年轉職為一名自由記者與文字工作者。阿潑說，記者的工作都是上面派下來的，而且節奏非常快，往往沒有辦法真正去深入一個議題，成為自由記者，就是希望能有機會做自己真正有興趣的專題，走向世界，報導自己真正關心的題目。

離開線上記者的崗位後，阿潑繼續用筆走自己的社會實踐之路，秉著人類學的視野與初心，把「讀者」擺在心中。陳芳明教授在《介入的旁觀者》推薦序言的一段話，也描繪出阿潑如何站在「記者人類學家」的角色，以其鷹眼與反思，發揮改變的力量：

「身為菜鳥人類學家，阿潑所寫的文字始終是鞭辟入裡。有些文字看來是雲淡風輕，讀完後卻帶給讀者太多的憂鬱與憂慮。她在說理時循循善誘，總是夾帶飽滿的資訊與知識。她從來不說教，當然也不做任何道德式審判，但是她提供的視野與觀念，足以帶著讀者走出個人的偏執與固執。朝向公民社會前進的台灣，因為有阿潑的文字，就顯得更加雄辯。」

結合新聞學與人類學訓練，跨越主題和國家邊界，以充滿反思的書寫傳遞對人和社會的關懷

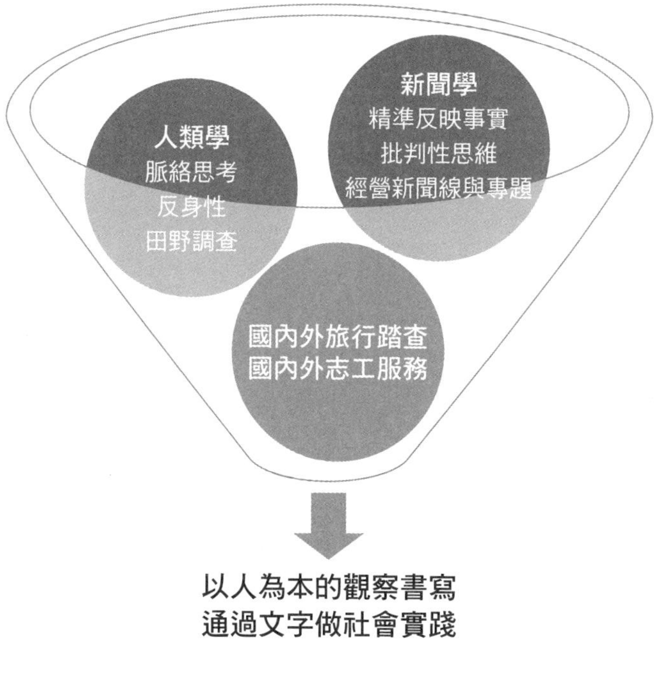

挖掘厚數據

媒體與人類學

人類學與媒體的關係大致上有兩種，第一種是研究媒體所帶來的社會文化現象，第二種則是把媒體作為記錄與傳播人類學知識的工具。

●媒體文化既全球化又有在地性

當代人類社會幾乎無法避免媒體的影響，不管是廣播、電視還是網路，可以發現媒體已經成為現代社會裡最重要的資訊傳播工具，往往也決定了文化的樣貌。尤其，在今天這樣一個全球化的時代裡，我們也透過媒體與全世界連線同步，相互影響著對方。

但是，人類學家仍然發現到媒體文化現象的「在地性」。比方說在阿拉伯世界裡，伊斯蘭經文成為穆斯林早期隨身聽、現今智慧手機裡重要的內容，他們運用這些媒體工具來實踐他們的信仰。類似的狀況也發生在台灣，台灣的有線電視頻道中，宗教台占了非常多的頻道，足見宗教在台灣社會擁有的力量。

另外，媒體的控制往往也反映出一個社會裡的權力運作方式，大至國家、小至家庭。舉例來說，當網路還沒普及之前，人類學家要研究親屬觀念如何實踐，會觀察是誰在家裡決定看哪一台電視節目，因為做決定的往往都是家中最有權力的那位。

●民族誌影像記錄文化現象

人類學家也認為應該善用媒體來記錄與傳播民族誌知識，所以發展出了「民族誌紀錄片」專業，強調要運用影像來記錄眼前所發生的文化現象，也將這類媒體紀錄作為學術研究之用，或是分享給社會大眾。在台灣，在人類學家胡台麗的推動與教學下，培養出許多優秀的民族誌影像工作者，用影像記錄並探討台灣的文化現象。另外，「台灣民族誌影像學會」每兩年舉辦的「民族誌影展」，集結了台灣與世界各地最優秀的民族誌影片，將最有價值的民族誌影像介紹給大家，非常值得一看。

實踐篇——人類學好好玩！鍛鍊你的人類學之眼

在「百工裡的人類學家」工作坊教學中，我很喜歡融入一些小遊戲，用團康活動的方式帶著學生來體驗人類學的有趣之處。

在我看來，人類學的課堂上本來就不應該死氣沉沉，或是只有冰冷的講課，畢竟這是一門多麼有趣的學問！正因為人類學所討論的都是人類生命中最普遍的經驗，人類學的教育也應該能和學生們的日常生活搭上線，以此來帶領學生去認識不同社會文化中如何去處理同樣的生命主題，並藉以反思自己的生命經歷。

「訪談」練習可以培養「轉譯」能力

「訪談」是課堂上最重要的活動之一。在此，學習文化人類學的學生最重要的並不是要去記憶哪個民族有什麼特殊的文化傳統，而是要培養起對於「人」的興趣，以及和人交談並從中發掘出文化規則的技巧。針對每週的主題，學生必須依據我所設計的問題去訪問同學，但在過程中有兩個規則必須遵守：

1. 不可以訪問周圍的同學，要到教室的另外一側去找尋報導人（informant）。
2. 訪問結束後，負責訪問的同學要負責轉述報導人所講的內容。

第一項設計，是可以藉此機會讓學生「有事可做」，把注意力帶到課堂的學習上。這個離開自己位置去訪問同學的過程，也模擬了人類學家們離開舒適圈去做田野工作的過程。

第二項設計，是直指人類學家的「轉譯者」角色。人類學家並不是報導人本身，需要盡力蒐集完整的資料，也需要針對這些資料做詮釋，或是將田野得到的資料和自己的生命經驗做比較。學生訪問完同學之後須報告訪問的內容，希望他們能體會到「轉譯者」的工作。我也會透過「追問」的過程，讓學生們發現這些訪談內容可能具有的人類學知識價值。

透過團康活動，領略人類學基本概念

人類學家的工作中最令人嚮往的就是「田野工作」（fieldwork）了。在這段期間，人類學家往往需要離開自己熟悉的生活範圍，到另外一個不同的地方去做調查研究，並和當地人生活在一起。對於今日已有許多旅行經驗的人來說，或許很難想像田野工作到底和一般的旅行有何差異；因此在課堂上運用「猜領袖」的遊戲，讓學生體驗人類學家在田野工作中可能遭遇到的「文化震驚」，以及如何從龐雜的田野材料中找尋出「文化規則」。

「猜領袖」遊戲中的「鬼」，其實就是做田野調查的「人類學家」。離開又進入教室的「鬼」，突然發現眼前的同學們一致且不停地改變他們的動作，他接著開始觀察這些動作之間的關聯性，並且發現動作之間有速度上的落差，

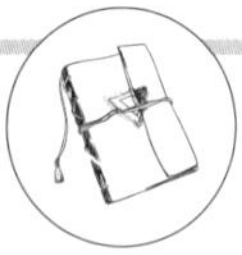

小遊戲一：猜領袖

- 適用單元：田野調查、文化傳播論
- 先讓一位同學離開教室，擔任「鬼」
- 在教室裡從同學中選一位擔任「領袖」來帶領大家做動作；做動作時不能說任何話，但領袖可以帶領所有人做拍手、跺腳等各種動作
- 跟離開教室的同學說，他現在的任務是進到教室，「觀察」同學們的動作，「找到」當中帶領的人
- 當「領袖」被「鬼」找到之後，讓負責猜領袖的同學分享他觀察同學們變化動作的過程與感受
- 請「領袖」到教室外，也體驗一次遊戲的過程

同學之間的眼光也有相同的方向——這個觀察的過程，可以當做是一種人類學家在田野調查過程中的「凝視」。他意識到自己眼前的這群人並不是漫無目的地做這些動作，而是「有規則」的、或是有一個「機制」讓這群人做著同樣動作。這一「規則」與「機制」就是人類學家要找尋出的文化規則，而找尋領袖的這個遊戲過程就是「田野調查」。

再細談下去的話，我們更可以用「文化傳播」（cultural diffusion）這個觀念來解釋。在這觀念之中，任何文化都有一「源頭」或是「核心」，然後向著四周圍散布出去；找出核心，就能追溯文化傳播與變遷的軌跡。

比手畫腳的遊戲大家都會玩，就是出題目讓人猜，透過遊戲的過程來理解「語言」與「文化」的關聯性為何。

如果參與遊戲的群眾來自不同國家，會產生更有趣的結果。大家可以實驗一下，「魚」要怎樣表演？大部分的台灣讀者應該都會把雙

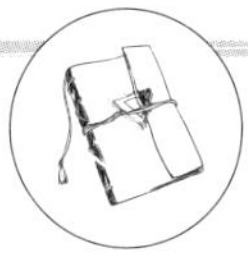

小遊戲二：比手畫腳

適用單元：語言

1. 設計題目

a 具體的「物」或是「動物」：獅子、大象、飛機等

b 人類的行為：打籃球、打棒球、吃飯等

c 人類的情緒或生理反應：喜、怒、哀、樂、愛、飢餓、疼痛

d 抽象的文化觀念：時間（如昨天、今天與明天）、空間（遠與近）

2. 選出善於表演者來表演，並請現場其他朋友來猜

3. 思考題：

- 討論為什麼有些題目好猜，有些題目卻很困難？當中，「語言」又扮演了什麼樣的角色？
- 「語言」與「抽象思考」的能力有什麼關係？
- 我們的日常生活之中，又有什麼是因為「語言」才有的文化觀念與行為呢？

手合在胸前，做出「魚兒游泳」的動作；但在美國的課堂上，我的學生是把雙手手掌擺在臉頰兩側，做出魚鰭擺動的樣子，同時鼓起雙頰嘟起嘴，有如電影《海底總動員》中的「尼莫」。這樣的差異可以看出，人在不同文化環境中對「魚」的認識過程不一樣，也發展出不同的表演方式。

經驗告訴我，每一個人類學的主題都可以用小遊戲或是小活動來體驗，而這些課堂上的經驗對學生有正面的影響。在離開匹茲堡前，碰上之前在討論課上帶過的學生Sarah（化名），她正要開始她的醫學院生涯，準備去國外做醫療服務或當無國界醫生。Sarah說因為參與我的課，讓她對於外國文化有了更濃厚的興趣，也改變了她對於世界的想法與態度。聽到這話的當下，我滿是歡喜，這應是我推動「人類學教育大眾化」的人生光榮時刻吧！

把人類學家的思維帶入管理學

二〇一四年九月，我和另一位人類學家陳懷萱一起成為國立中山大學的博士後研究員，雖然我的職位掛在企管系下面，同事掛在「人文創新與社會實踐中心」底下，但我們兩人實際的工作場域都是在管理學院，一方面配合學校裡的社會企業研究與實作參與，另一方面也試著讓管理學院的師生能夠有機會接觸到人類學的相關知識。

為了產生更積極的化學效應，我們參與了管理學院裡的兩門課程，一是「社會企業中心」的「社會企業商業模式與實作」，另一堂課是在高雄甲仙進行社會企業實作的「管理名著選讀」。

在參與這兩門課之後，我們真的體會到「人類學其實是被期待的」！在「管理名著選讀」這堂課裡，學生原本的讀物是《彼得・杜拉克的管理聖經》。但在這堂課的前兩堂，我花了四個小時的時間向選課的同學解釋，什麼是文化人類學？人類學家如何看「文化」？人類學家如何做田野調查？另外，我還搭配了美國實境節目「臥底老闆」（Undercover Boss）以及《大賣場裡的人類學家》一書，讓學生進一步理解人類學方法對於企業管理可能帶來的益處。而後，我帶著學生進入甲仙去體驗當地的農業生活，並讓他們透過訪談去認識地方上正在面對的問題，如：人口老化、外配、青年就業以及農業產銷等問題。而在「社會企業模式與實作」之中，學生主要的工作是要分組完成一個社會企業的創業提案，因為之前學生沒有機會去做田野調查，讓人擔心他們對於「社會」其實缺乏了想像的能力。恰巧我與同事都有戲劇經驗，於是設計了一小時半的課程，試著用情境喜劇的方式來幫助各組學生去想像：在他們的社會企業提案裡，「人」有什麼樣的特殊性？又有什麼樣的需要？

跨界學習，啟發反思能力

對於傳統的管理學院教育來講，人文社會知識經常是缺席的。管理學院的學生必然修過「行銷學」，但對於「人」、「社會」與「文化」的認識可能較為片面，可能也較少機會訓練人文社會科學式的反思能力。另外，台灣的學生對於跨學門領域的選課未成風氣，僅習慣在自己所選擇的科系中學習；換言之，如果台灣在教育設計中缺乏了跨界的可能，在管理學院的學生們幾乎沒有任何機會去碰觸人文社會議題。

然而，當我們以人類學的背景參與管理學門的課程，用過去管理學院未曾使用過的方式來設計課程、引入人類學家的研究方法與思維方式之後，人文與社會思維開始進入了這些學生們的生命。有學生回饋「我沒想到管理學可以這樣學」、「我現在感覺好像眼睛被打開了，但是還沒有理出一個頭緒」，也聽到有些商管學院的學生困惑甚至痛苦地表示，他們過去用管理學建立起來的世界觀因此而瓦解了，不知道該如何發展他們未來的學習計畫——到底是應該繼續在專精於管理學與商學院的領域，還是要去廣泛地吸收人文社會科學的知識，並試著為社會帶來改變？

在我看來，不管他們要走哪一條路，眼下的焦慮都反應出台灣本身面對的問題，也都指向一個可能的出路。當管理學院的學生因為接觸人類學、社會學，開始思考他們的專業如何跨出商業領域、進而能為社會帶來一些正向改變或幫助時，這不就是台灣向上提升的開始？

期待，他們就是下一個世代的「百工裡的人類學家」！

挖掘厚數據

現場直擊：手搖飲料店的人類學考察

台灣最流行的手搖飲料店，在人類學家眼中到底反映了什麼樣的文化？人類學家又會如何透過田野觀察來描述「手搖飲料店」文化？「對台灣人來說，到手搖飲料店買飲料的意義為何？」

這個問題從社會學量化研究的角度來看，或許有人會說「手搖飲料店」反映了台灣的「茶文化」產業，也反映出台灣學生、受薪階級的消費傾向。而當人類學家把「手搖飲料店」當成一個田野地，他會嘗試更全面地掌握這家店的意義網絡，可能從下列角度去觀察：

✔ **人：**到底有哪些人被這家手搖飲料店連結在一起？消費者（誰是消費者？）、店員、店長、供應商、物流配送人員、附近的店家老闆、消保官、食品衛生稽查人員、地方上的黑白兩道、店家附近的住戶……每個人因為在不同的位置，又各自有獨特的背景，所以對於這家飲料店的認知與互動，也都會有所不同。

✔ **語言溝通：**語言是這些人互動最基本的工具，所以要記錄他們彼此如何溝通，特別要記錄下關於手搖飲料的獨特溝通方式。比方說：除了「半糖」、「微甜」、「少冰」與「去冰」這類與消費者確定甜度與冰塊分量的用語外，也要注意到店員如何和顧客介紹店裡的產品，建立起顧客對於味道與口感的想像。

✔ **口味：**手搖茶飲店不僅賣茶也有各類飲品，很多消費者不光喝飲料，還要「吃」到珍珠、蒟蒻、椰果、粉條或是蘆薈。換言之，我們對於「茶」或是「飲料」的定義，也隨著飲料店彼此之間的創新與競爭而發生變化。

✔ **歷史脈絡：**有人認為人類學的方法偏向「共時性」（synchronicity），但當代人類學家也重視歷史的脈絡，更會強調在歷史過程中有哪些因素造成了重要的影響與轉變。比方說，在手搖飲料上，人類學家會想知道誰發明、何時出現了這樣的服務方式？因為傳統賣飲料或青草茶的小販與草藥店，原本就有類似的服務；但到底從何時開始出現我們所熟悉的手搖飲料店？這樣的轉變又與台灣整體社會的發展變遷、消費模式有什麼關係？

✔**科技**：人類學家也會想瞭解「科技」的因素在手搖飲料店發揮什麼樣的影響？除了飲料店點餐用的電腦收銀機、保存食材的冷凍庫，燈光、建築結構、裝潢、水電管線、進貨管理等其實都是科技發展下的結果，並且會依據這個產業的特殊需要而有所調整；另外，在飲料店之外，還有物流配送、電話與網路的訂貨服務科技等。而若我們把「管理」當成一門科學性技術的話，手搖飲料店設店、連鎖加盟體系、品牌行銷與授權等，自然也是台灣商業管理科學下的重要主題。

✔**檢驗思考方式**：在上述問題都想過一輪之後，人類學家還會問自己「我這樣問問題，有沒有問題？」人類學強調「反思性」，如同哲學家一般，不斷檢驗自己的思考方式。透過大量理論閱讀，也透過與其他相似的民族誌例子做比較，讓自己面對眼前的文化現象能有更透徹的思考，也才能達到紀爾茲所說的「厚描」，進而挖掘現象背後的「厚數據」。

一個人類學家以一家手搖飲料店做為田野地、發揮人類學式的思考便能產生這麼多的有趣問題，這些問題的答案共同織成一張「意義的網絡」，掌握這張網，就能更透徹地理解台灣獨特的「手搖飲料店文化」。

也就是說，去飲料店雖然只是去買一杯飲料，但對於人類學家來說，手搖飲料店就是一個田野地，要去了解當中的文化，就是要有全面性的觀察，甚至到當中做田野工作，才能得到最真實的答案，也才能從每一個小問題的答案中得到洞見，回答「對台灣人來說，到手搖飲料店買飲料的意義為何？」這一問題。這樣的「網絡式思考」對於不同專業領域有什麼幫助？本書中每一位「百工裡的人類學家」都是最好的實例！

【致謝詞】

這本書的完成，首先要感謝楊照先生及風尚旅行社游智維先生於二〇一二年時給我的啟發，因為在不同場合聆聽了兩位的人類學經驗，才讓我興起「百工裡的人類學家」這個計畫。

感謝《百工裡的人類學家》書中所有受訪者，因為你們在各領域的努力，才能讓我們看到更多人類學的可能性。

感謝台灣在人類學教育與研究崗位上努力的前輩們，特別是恩師Ardrew Strathern與Pamela Stewart、胡家瑜與葉春榮兩位及所有教過我的老師們，因為有師長們的付出與啟發，台灣人類學才有今日的基礎與發展。

感謝「百工裡的人類學家」團隊成員陳懷萱、蕭褘涵與林承毅，能和諸位一起經營這個平台，一起朝著讓人類學更大眾化、在更多領域被應用的目標努力，是我的福氣。

感謝一路上支持陪伴的家人與好友們，謝謝大家。

宋世祥　二〇二四年

●百工裡的人類學家臉書粉絲專頁：成立於二〇一二年，宗旨在推動人類學的大眾化與跨領域應用。目前，「百工裡的人類學家」粉絲專頁常態性分享與人類學、文化等議題相關的好文章，帶領讀者從日常生活議題接近人類學。同時，團隊成員也積極分享各自的人類學應用經驗，並持續招募志工成員中。

百工裡的人類學家

帶你挖掘「厚數據」，以人類學之眼洞悉人性，引領社會創新！【實戰增修版】

作　　者　宋世祥
執行編輯　吳佩芬
封面設計　比比司設計工作室
版型設計　簡至成 高巧怡
行銷企劃　蕭浩仰 江紫涓
行銷統籌　駱漢琦
業務發行　邱紹溢
營運顧問　郭其彬
果力總編　蔣慧仙
漫遊者總編　李亞南

出　　版　果力文化／漫遊者文化事業股份有限公司
地　　址　台北市103大同區重慶北路二段88號2樓之6
電　　話　(02) 2715-2022
傳　　真　(02) 2715-2021
服務信箱　service@azothbooks.com
網路書店　www.azothbooks.com
臉　　書　www.facebook.com/azothbooks.read

發　　行　大雁出版基地
地　　址　新北市231新店區北新路三段207-3號5樓
電　　話　(02) 8913-1005
訂單傳真　(02) 8913-1056

二版一刷　2024年9月
定　　價　台幣580元

ISBN　978-626-98283-0-2

國家圖書館出版品預行編目 (CIP) 資料

百工裡的人類學家 : 帶你挖掘「厚數據」, 以人類學之眼洞悉人性, 引領社會創新!【實戰增修版】/ 宋世祥作. -- 二版. -- 臺北市 : 果力文化出版 ; 新北市 : 大雁出版基地發行, 2024.09
面；　公分
ISBN 978-626-98283-0-2(平裝)
1.CST: 社會人類學 2.CST: 文化人類學
541.3　　113000278